Cornelia Muth (Hrsg.)

„dann kann man das ja auch mal so lösen!"

Auswertungsinterviews mit Kindern und Jugendlichen nach Trainings zur Gewaltfreien Kommunikation

Mit Beiträgen von:
Susanne Kalkowski, Annika Kneiphof, Katrin Lingemann, Cornelia Muth,
Thorsten Muer, Johannes Thoms, Jörg Werner

DIALOGISCHES LERNEN

Herausgegeben von Dr. Cornelia Muth

ISSN 1614-4643

Cornelia Muth (Hrsg.)

„dann kann man das ja auch mal so lösen!"

Auswertungsinterviews mit Kindern und Jugendlichen
nach Trainings zur Gewaltfreien Kommunikation

Mit Beiträgen von:
Susanne Kalkowski, Annika Kneiphof, Katrin Lingemann, Cornelia Muth,
Thorsten Muer, Johannes Thoms, Jörg Werner

ibidem-Verlag
Stuttgart

Bibliografische Information der Deutschen Nationalbibliothek
Die Deutsche Nationalbibliothek verzeichnet diese Publikation in der
Deutschen Nationalbibliografie; detaillierte bibliografische Daten sind im
Internet über http://dnb.d-nb.de abrufbar.

Bibliographic information published by the Deutsche Nationalbibliothek
Die Deutsche Nationalbibliothek lists this publication in the Deutsche Nationalbibliografie;
detailed bibliographic data are available in the Internet at http://dnb.d-nb.de.

Abruck aller Fotos und Ilustrationen mit freundlicher Genehmigung des AKE e.V. Vlotho.

Die Rechte an den abgebildeten Materialien liegen beim "Projekt Ahimsa". Informationen über
Bezugsmöglichkeiten unter: www.ake-ahimsa.de

∞

Gedruckt auf alterungsbeständigem, säurefreien Papier
Printed on acid-free paper

ISSN: 1614-4643

ISBN-10: 3-8382-0120-5
ISBN-13: 978-3-8382-0120-7

© *ibidem*-Verlag
Stuttgart 2010

Vorwort der Herausgeberin

Die vorliegenden Interview-Ergebnisse dokumentieren einen Vernetzungsprozess zwischen pädagogischer Praxis, Wissenschaft und Forschung und Hochschul(aus)bildung:

Studierende des Fachbereichs der Fachhochschule Bielefeld führten 2009 problemzentrierte Interviews mit Kindern und Jugendlichen, die an außerschulischen Workshops zur Gewaltfreien Kommunikation teilnahmen, durch. Diese Trainings gehörten zum Bildungsprogramm des Projektes „Ahimsa – Gewaltfreie Kommunikation für Kinder und Jugendliche" des AKE e.V. Vlotho. Die Maßnahme wird von der Aktion Mensch gefördert und von Susanne Kalkowski geleitet.

Zuvor hatten die Studierenden, nach der theoretischen Einführung über Konflikttheorien meinerseits, bei der Privatdozentin Dr. Gertrud Siller in mühsamer Kleinarbeit qualitative Sozialforschungskompetenz erworben. Gertrud Siller und den Studierenden sei hiermit für ihr herausragendes Engagement ein herzliches Dankeschön ausgesprochen.

In den Gesprächen mit den Kindern und Jugendlichen erfuhren die Studierenden, dass selbst in einem dominanz-orientierten System wie der Schule Lösungsprozesse in Hinblick auf Gewaltphänomene angestoßen werden können. Durch die Trainingsteilnahme nimmt die Entscheidungsauswahl der AkteurInnen überdurchschnittlich zu: Neue Handlungs-Alternativen werden erprobt und ermöglicht. Zudem können die TeilnehmerInnen das Erkennen eigener Gefühle und Bedürfnisse lernen, aber auch das Wahrnehmen des Gegenübers. Bei den Kindern wie ForscherInnen wurde so insgesamt das Gewahrsein, neue Lösungs-Haltungen zu entwickeln, erweitert. Die Chancen, Gewalt damit langfristig zu verringern, sind hoch. Jedoch brauchen dafür nicht nur Kinder, sondern auch Erwachsene ein unterstützendes Umfeld, in dem der zwischenmenschliche Dialog ernst genommen wird und das „Böse" angesprochen werden darf.

Bielefeld und Berlin im Frühjahr 2010, Cornelia Muth

Inhaltsverzeichnis

Die „Herzrunde" mit dem Kleinen Drachen

1. Gewaltfreie Kommunikation mit Kindern und Jugendlichen Freuden und Herausforderungen in der Praxis – eine vorläufige Einschätzung (Susanne Kalkowski, Projektleitung)

„Was bewirken wir mit unserer Arbeit bei den Kindern und Jugendlichen?" und „Was braucht es, damit Gewaltfreie Kommunikation nachhaltig an Kinder und Jugendliche vermittelt werden kann?" Mit diesen Fragestellungen im Hinterkopf bin ich zu Projektbeginn an Cornelia Muth herangetreten, mit der Bitte, unser Projekt „Ahimsa – Gewaltfreie Kommunikation für Kinder und Jugendliche" wissenschaftlich zu begleiten.

Im Projektantrag an die Aktion Mensch, die das Projekt fördert, hatten wir als Projektziel u. a. formuliert: „**Förderung von Resilienz** und **Gewaltprävention** durch nachhaltige Entwicklung und Stärkung von **sozialen** und **emotionalen Kompetenzen** bei Kindern und Jugendlichen."

Dass die Gewaltfreie Kommunikation nach Marshall Rosenberg positive Veränderungen im menschlichen Miteinander, aber auch im Umgang von Menschen mit sich selbst bewirken kann, hatte ich schon erlebt. Vor Projektbeginn hatte ich bereits 13 Jahre lang eigene Erfahrungen mit dieser Methode gesammelt, davon die letzten vier Jahre, in denen ich als CNVC[1]-zertifizierte Trainerin GFK-Seminare für Erwachsene gebe, auch beruflich.

In dem Projekt „Ahimsa" ging es nun auch darum herauszufinden, inwieweit sich der Zugang von Kindern und Jugendlichen zur GFK gegenüber dem von Erwachsenen unterscheidet, und was bei der Vermittlung beachtet werden muss, damit GFK nachhaltig zur Stärkung von sozialen und emotionalen Kompetenzen bei Kindern und Jugendlichen beiträgt.

Seit Projektbeginn haben über 100 Kinder und Jugendliche an unseren GFK-Gruppen teilgenommen. Dabei habe ich zusammen mit den pädagogischen Fachkräften und Co-TrainerInnen, welche die Gruppen gemeinsam mit mir durchführten, viele freudige Momente sowie einige Herausforderungen erlebt.

---

[1] CVNC ist die Abkürzung für *Center of Nonviolent Communication*. Das Zentrum hat seinen Sitz in den USA und wurde 1985 von Marshall Rosenberg gegründet.

Eine grundsätzliche Herausforderung bei der Anwendung und Vermittlung der GFK ist, dass es sich bei der GFK nicht nur um eine Kommunikationsmethode handelt, die eine klare Struktur bietet (z. B. die „Vier Schritte"[2]), und damit ein – auf den ersten Blick – leicht zu erlernendes Handwerkszeug (im Englischen „Skills" genannt), sondern dass die GFK gleichzeitig auch unsere Einstellungen und Haltungen gegenüber anderen, uns selbst, menschlichem Miteinander und auch gegenüber Konflikten reflektiert und bewusst macht und zum Teil auch in Frage stellt.

Das der GFK zugrunde liegende Menschenbild steht dem der humanistischen Psychologie nahe[3]. Die GFK geht von den Axiomen[4] aus, dass Menschen grundsätzlich auf Kooperation und positiver Verbindung zu anderen Menschen aus sind[5]; dass jedem menschlichen Verhalten der Versuch zugrunde liegt, Bedürfnisse zu erfüllen und dass gewalttätiges Verhalten häufig ein Ausdruck von Leiden ist und ein „tragischer" Versuch, Bedürfnisse zu erfüllen. „Tragisch" deshalb, weil das destruktive Verhalten es häufig noch unwahrscheinlicher macht, dass die Bedürfnisse erfüllt werden. Wichtig ist dabei das spezielle Verständnis des Begriffs „Bedürfnis" in der GFK: Bedürfnisse werden als „universelle Lebensqualitäten" verstanden, die wir über kurz oder lang erfüllen müssen, wenn wir als lebendiger Organismus keinen Schaden nehmen wollen. Mit „universell" ist gemeint, dass die GFK davon ausgeht, dass alle Menschen die gleichen Bedürfnisse haben, sich aber unterscheiden durch die Art und Weise (im GFK-Sprachgebrauch manchmal auch „Strategien" genannt), wie sie ihre Bedürfnisse erfüllen wollen oder können. Die Handlungen („Strategien"), die Menschen wählen, um ihre Bedürfnisse zu erfüllen, können u. a. abhängig sein von persönlichen Vorlieben und Fähigkeiten, kulturellen und gesellschaftlichen Werten und den zur Verfügung stehenden Ressourcen[6].

---

[2] 1.: Beobachtung, 2.: Gefühle, 3.: Bedürfnisse, 4.: Bitte.

[3] Marshall Rosenberg arbeitete einige Zeit mit Carl Rogers in einem Forschungsprojekt zusammen.

[4] Wobei diese Axiome nicht als „unumstößliche Wahrheiten" angesehen werden sollten, sondern eher als „Arbeitshypothesen" nach dem Motto: „Sehen wir mal, wohin wir kommen, wenn wir diese Grundannahmen haben."

[5] Diese Hypothese wurde in jüngster Zeit durch Joachim Bauer aus neurophysiologischer Sicht bestätigt. Vgl. dazu Bauer, J. (2006): Prinzip Menschlichkeit - Warum wir von Natur aus kooperieren, Hamburg.

[6] Ein eindrückliches Beispiel hierfür ist, welche vielfältigen Möglichkeiten Menschen weltweit entwickelt haben, um ihr Bedürfnis nach Nahrung zu erfüllen.

Die GFK geht davon aus, dass Konflikte friedlich gelöst werden können, wenn es gelingt, sich über die Bedürfnisse zu verständigen, die hinter den oft scheinbar konträren Wünschen von Konfliktparteien stehen. Durch diese empathische Verständigung kann eine Beziehungsqualität entstehen, die es leicht macht, Lösungen zu finden, die die Bedürfnisse aller Beteiligten berücksichtigen. Dass dies keine bloße Theorie ist, habe ich auch in Situationen mit den Kindern und Jugendlichen in unserem Projekt erfahren dürfen.

Es ist manchmal verblüffend und berührend, wie schnell Kinder und Jugendliche bereit sind zu kooperieren, wenn sie die Möglichkeit haben, etwas von den Bedürfnissen der anderen zu erfahren – auch von uns Erwachsenen – und gleichzeitig darauf vertrauen können, dass auch ihre Bedürfnisse zählen. Ein Beispiel aus einer AG mit Haupt- und FörderschülerInnen: Während ich versuche, der Gruppe etwas zu erklären, spielt ein Junge (er gilt in der Schule als „aggressiv" und „schwierig") unentwegt mit einem Stift in dem Ärmel seines Pullovers, was mich extrem ablenkt. Ich sage zu ihm: „Ich könnte mich besser konzentrieren, wenn du den Stift aus deinem Ärmel nimmst und auf den Tisch legst." Er sagt: „Okay!" und legt den Stift auf den Tisch. Ein paar Sekunden später fängt er an, mit dem Stuhl zu kippeln. Ich frage ihn: „Sag mal, bist du unruhig und brauchst 'ne Pause, damit du dich bewegen kannst?" Er nickt, und wir verabreden, dass wir eine Pause machen, sobald ich mit der Erklärung fertig bin.

Die „Haltung" hinter der GFK bedeutet deshalb häufig eine Herausforderung, weil sich der Fokus auf „Bedürfnisse als intrinsischer Motor" von Verhalten und damit der spezielle Blick auf unser Miteinander und uns selbst sehr von dem unterscheidet, was wir im Alltag gewöhnt sind, und auch von dem, was die meisten selbst beim Aufwachsen erfahren haben. Deshalb gelingt es nicht immer, diese Haltung im Umgang mit uns selbst und anderen vor allem in Konfliktsituationen zu verwirklichen. Umso beglückender sind die Momente, in denen dies wirklich gelingt, zwischen den Kindern, aber auch zwischen Kindern und Erwachsenen.

Für diejenigen, die GFK effektiv an Kinder und Jugendliche vermitteln wollen, bedeutet dies, dass sie nicht nur ausgeprägte Fähigkeiten in der GFK als Methode, sondern auch genügend Selbsterfahrung mit der GFK in Gruppen mitbringen sollten.

Wir haben in unserem Projekt die jeweilige Gruppe bewusst als „pädagogischen Faktor" angesehen und für das Lernen zu nutzen versucht. Von daher ist es hilfreich, wenn LeiterInnen Kenntnisse mitbringen, die über das, was die GFK bietet, hinausgehen, wie z. B. Gruppendynamik und die Moderation von Gruppenprozessen. Dies war u. a. eine Erkenntnis, die nach der Pilotphase dazu geführt hat, dass wir unser ursprüngliches Projektkonzept verändert haben. Eigentlich sollte nach der Pilotphase der Schwerpunkt des Projektes darauf liegen, pädagogische Fachkräfte zu schulen, mit unseren Materialien und Curricula GFK-Gruppen für Kinder und Jugendliche durchzuführen. Es hat sich jedoch gezeigt, dass die pädagogischen Fachkräfte, die während der Pilotphase die Materialien mitentwickelt haben, mit einigen Situationen in den Gruppen überfordert waren, und zwar obwohl sie bereits an einigen GFK-Schulungen teilgenommen hatten. Es war deshalb zu befürchten, dass wir den SchulungsteilnehmerInnen in dem vom Projekt vorgesehenen Setting nicht die erforderlichen Fähigkeiten hätten vermitteln können, um mit Gruppenprozessen umzugehen. Deshalb haben wir uns im weiteren Projektverlauf auf die direkte Arbeit mit Kindern und Jugendlichen konzentriert.

Insgesamt habe ich den Eindruck, dass die Kinder und Jugendlichen von unserer Arbeit profitieren. Es ist allerdings eine Illusion zu glauben, dass Kinder und Jugendliche, nach dem sie GFK gelernt haben, jeden Streit alleine friedlich lösen können. Dazu sind sie in Konfliktsituationen häufig viel zu sehr emotional aufgewühlt und häufig klaffen Emotion und Kognition auseinander. Dies trifft vor allem auf jüngere Kinder zu, und auf Kinder, deren Stresspegel ständig erhöht ist, z. B. auf Grund von belastenden Situationen im häuslichen oder schulischen Umfeld.

In der bisherigen Projektarbeit ist deutlich geworden, dass Kinder und Jugendliche, damit sie das Gelernte auch außerhalb der Gruppen anwenden können, in der Regel ein Umfeld brauchen, das sie bei der Anwendung der GFK kontinuierlich unterstützt und begleitet. Das kann das Elternhaus sein, aber auch der Kindergarten und die Schule oder eine Freizeiteinrichtung.

Lohnt es sich dann überhaupt, Kindern und Jugendlichen GFK zu vermitteln? Sollte man sich dann nicht lieber ganz auf die Arbeit mit dem Umfeld konzentrieren?

Wir glauben, dass es sich lohnt, und es wäre wünschenswert, zumindest einen Teil des Umfelds einzubeziehen. Dann können alle Beteiligten sehr davon profitieren:

Eine Erzieherin berichtete einige Wochen nach Abschluss der Gruppe, dass es für sie nun viel leichter sei, Streit zwischen den Kindern, die an der Giraffengruppe teilgenommen hatten, zu schlichten, weil sie die Kinder an das, was sie gelernt haben, erinnern könne: „... du kannst doch jetzt die Giraffensprache! Überleg' mal, wie können wir das jetzt lösen?"

Die GFK scheint Fähigkeiten zu fördern, die im Menschen schon angelegt sind. Gerade ältere Kinder und Jugendliche greifen das, was sie in den Gruppen lernen, sehr schnell auf, wenn sie merken, dass es etwas mit ihnen selbst zu tun hat.

Wir brauchten keinem unserer Teilnehmenden beizubringen, was Gefühle sind. Schon vierjährige Kinder scheinen zu „wissen", wie sie sich fühlen, und können dies auch verbal ausdrücken, sobald sie die „Vokabeln" dafür haben. Sie sind auch in der Lage sich vorzustellen, wie sich jemand anderes fühlt, bzw. die Gefühle des anderen an der Körpersprache zu erkennen. Wenn wir mit den Kindern eine „fragende, offene" Haltung einüben, dann haben Kinder auch keine Scheu, die Vermutung eines Erwachsenen über das, was sie gefühlt haben, zurückzuweisen, wenn diese nicht zutrifft. („... ich fühl mich nicht wütend, ich bin traurig!")

Der Aspekt der „Selbstempathie" in der GFK scheint vor allem bei älteren Kindern und Jugendlichen als Instrument zur Selbstregulation geeignet zu sein, beispielsweise um sich selbst zu beruhigen und dadurch die eigenen Emotionen besser in den Griff zu bekommen.

Eine Schwierigkeit war es, den jüngeren Kindern zu vermitteln, was „Bedürfnisse" sind. Anders als „Gefühle", die sie sehr unmittelbar erleben, ist „Bedürfnis" für sie ein eher abstrakter Begriff. Wir haben deshalb bei den jüngeren Kindern auf kognitive Erklärungen verzichtet, und versucht, ihnen durch praktische Übungen diesen Aspekt der GFK zu vermitteln. Ob uns das bei den Vierjährigen bereits gelungen ist, kann ich nicht sagen. Ich hatte aber den Eindruck, dass bereits die „Schulkinder" im Kindergarten (vielleicht noch nicht ganz verbalisierbar) begriffen haben, dass es noch etwas Universelles gibt, was hinter dem steht, was für die Einzelnen individuell wichtig ist. Sie haben sich jedenfalls unsere „Ich-brauche"-Piktogramme sehr genau angeschaut und sehr differenziert ausgewählt, wenn es beispielsweise darum ging zu entscheiden, um welche Bedürfnisse es ihnen geht, bei den Dingen, die ihnen wichtig sind. (Ein sechsjähriger Junge entschied sich für die Karte, auf der die „Schönheit der Natur" abgebildet war, als er gefragt wurde, warum er so gerne auf dem Mähdrescher mitfahre.)

Die Befindlichkeitsrunden zu Beginn der Gruppenstunden, an denen auch wir Erwachsene uns möglichst authentisch beteiligt haben, scheinen dazu beigetragen zu haben, dass mit der Zeit in fast allen Gruppen eine vertrauensvolle Atmosphäre entstanden ist, in denen sich die Teilnehmenden emotional sicher gefühlt haben. Wenn dieses grundlegende Bedürfnis nach emotionaler Sicherheit für die Teilnehmenden nicht erfüllt ist, macht es nach meiner Erfahrung wenig Sinn, die GFK als „Programm" mit einer Gruppe „durchzuziehen", ebenso wenn andere Bedürfnisse der Teilnehmenden durch die Teilnahme an der Gruppe oder das Lernen der GFK nicht erfüllt sind.

Die Arbeit mit der GFK sowohl auf Beziehungsebene und erst recht als Methode stößt an Grenzen, wenn Kinder und Jugendliche dauerhaft in einer Lebenssituation sind, in der wichtige grundlegende Bedürfnisse nicht erfüllt sind. Erschütternd war das Beispiel eines zwölfjährigen Jungen, der in unsere AG kam mit dem Wunsch, seine „Aggressionen in den Griff" zu kriegen. Später stellte sich heraus, dass seine Aggressionen eine Reaktion auf die häusliche Gewalt des Vaters gegenüber der Familie waren. In solchen Situationen sind GFK-LeiterInnen gut beraten, die Grenzen der eigenen Arbeit realistisch einzuschätzen und nicht zu glauben, mit der GFK alles „heilen" zu können, sondern aufmerksam dafür zu sein, unter welchen Lebensbedingungen sich die Teilnehmenden befinden und ggf. auf weiterführende Unterstützungsmöglichkeiten zu verweisen. Dies kann auch für Kinder und Jugendliche gelten, die gerade traumatische Erfahrungen verarbeiten. Hier kann die intensive Beschäftigung mit Gefühlen und Bedürfnissen kontraindiziert sein, wenn es darum geht, zunächst eine äußere und innere Stabilität (wieder)herzustellen.

Schwierig ist es auch, mit der GFK in einem Umfeld zu arbeiten, in dem die Beteiligten nicht die Absicht haben, dass die Bedürfnisse aller Beteiligten erfüllt werden.

Die GFK setzt auf intrinsische Motivation und stößt in Systemen, in denen dies nicht möglich oder gewollt ist, ziemlich schnell an Grenzen. Wir hatten den Eindruck, dass in den Kindergärten, mit denen wir kooperiert haben, am ehesten die Bedürfnisse der Kinder wahrgenommen und in den Erziehungsprozess der Einrichtung mit einbezogen wurden, und es dadurch leicht war, in diesem Umfeld diesen Aspekt der GFK zu verwirklichen. Inwieweit dies im schulischen Umfeld möglich ist, so lange dort zu großen Teilen mit extrinsischer Motivation gearbeitet wird, ist für mich eine offene Frage. Die beiden letzten Aspekte machen deutlich, dass die Arbeit mit der GFK immer auch in einem gesellschaftlich-sozialen Rahmen stattfindet, der über die unmittelbar beteiligten Individuen hinausgeht.

GFK mit Kindern und Jugendlichen bedeutet, mit den Kindern und Jugendlichen in Beziehung zu sein. Eine nicht immer leichte, aber sehr bereichernde Aufgabe!

16

Im Gespräch mit dem Kleinen Drachen und der Giraffe

2. Erläuterungen zum didaktischen Konzept[7] des Projekts „Ahimsa - Gewaltfreie Kommunikation für Kinder und Jugendliche"

2.1. Projektziele und Rahmenbedingungen

Im Projektantrag an die Aktion Mensch hatten wir als Projektziel „Förderung von Resilienz und Gewaltprävention durch nachhaltige Entwicklung und Stärkung von sozialen und emotionalen Kompetenzen bei Kindern und Jugendlichen" formuliert. Kinder und Jugendliche sollten mit Hilfe der GFK befähigt werden, sich selbst und andere wahrzunehmen, sich auf respektvolle Weise zu behaupten, Einfühlungsvermögen für andere Menschen zu entwickeln und gemeinsam mit anderen Lösungen zu finden, bei denen alle Beteiligten gewinnen.

In einer Pilotphase haben wir die GFK für Kinder und Jugendliche aufbereitet und Curricula und Materialien entwickelt, um die Methode an Kinder und Jugendliche in vier verschiedenen Altersgruppen vermitteln zu können:

Gruppe 1: Kindergartenalter (ab 4 Jahren)
Gruppe 2: mittleres Grundschulalter (8 Jahre)
Gruppe 3: 10/11 Jahre
Gruppe 4: 15/16 Jahre

Im Laufe des Projekts haben wir festgestellt, dass die Kinder im Kindergarten mehr von unseren Angeboten profitieren, wenn wir die Kinder nochmals aufteilen in „jüngere Kinder" (4-5 Jahre) und „Schulkinder" (Kinder im letzten Kindergartenjahr vor dem Schuleintritt), da sich die beiden Altersgruppen in ihrer Aufmerksamkeitsspanne und den sprachlichen Ausdrucksmöglichkeiten unterscheiden.

Die Gruppe der 12- bis 14-Jährigen hatten wir zunächst bewusst ausgelassen, da es nach Erfahrung anderer GFK-TrainerInnen für diese Altersgruppe manchmal eine Überforderung ist, sich auf die Arbeit mit Gefühlen einzulassen.

Die entwickelten Materialien und Curricula sollten jedoch so flexibel gestaltet werden, dass sie bei Bedarf auch für andere Altersgruppen und auch für Kinder und Jugendliche mit besonderen Lernvoraussetzungen angepasst werden können.

---

[7] Für Menschen, die selbst mit unseren Materialien und Curricula mit Kindern und Jugendlichen arbeiten wollen, werden wir spätestens ab November 2010 Bezugsmöglichkeiten auf der Projekthomepage veröffentlichen: www.ake-ahimsa.de

Nach der Pilotphase haben wir mit den Curricula und Materialien Gruppen für Kinder und Jugendliche durchgeführt und auf Grundlage unserer Erfahrungen die Curricula und Materialien immer wieder reflektiert und weiterentwickelt.

Auf Grund der Förderbedingungen der Aktion Mensch konnten wir ausschließlich im außerschulischen Bereich bzw. in Kooperation mit Jugendeinrichtungen in freier Trägerschaft arbeiten. Es war jedoch möglich, Räume in Schulen für Gruppen zu nutzen, wie dies auch bei den interviewten Kindern aus Hauptschule und Gymnasium geschehen ist.

2.2. Grundsätzliche didaktische Überlegungen und Inhalte

Für alle Altersgruppen waren im Wesentlichen die gleichen Inhalte vorgesehen: Erlernen der „4 Schritte" der GFK[8], sich selbst mit Hilfe der 4 Schritte auszudrücken und sich in andere einzufühlen. Dazu zählte u.a. der Aufbau eines Wortschatzes für Gefühle und Bedürfnisse, das Spüren und Benennen von Gefühlen und Bedürfnissen, Beobachten- und Beschreiben-Lernen von (Konflikt-)Situationen, lernen, dass Menschen die gleiche Situation unterschiedlich interpretieren und bewerten können, konkrete Handlungen benennen, mit denen die eigenen Bedürfnisse oder die anderer erfüllt werden können; ab Gruppe 2: Unterscheiden-Lernen von Denk- und Sprachmustern, die zu Stress und Streit führen können („Wolfssprache") oder zu Kooperation und Verständigung („Giraffensprache") beitragen.

Die dabei verwendeten Methoden und Materialien sollten dem Entwicklungsstand und den Lernbedürfnissen der verschiedenen (Alters-)gruppen gerecht werden, unterschiedliche „Wahrnehmungskanäle"[9] ansprechen sowie eine Nähe zur Alltagswelt der Kinder und Jugendlichen haben.

Die in GFK-Kreisen häufig verwendeten Symbole „Giraffe" und „Wolf" und die dazugehörigen Handpuppen setzten wir abhängig davon ein, ob dies den (Lern-)bedürfnissen der jeweiligen Gruppe entgegenkam. Die meisten Spiele und Übungen hatten wir so aufbereitet, dass sie auch ohne diese Symbole bzw. Handpuppen durchgeführt werden konnten.

Bei allen unseren Aktivitäten in den Gruppen war es uns wichtig, den Kindern nicht nur die Methode der GFK zu vermitteln, sondern ihnen auch bei der Anwendung der

---

[8] Eine ausführlichere Beschreibung der GFK findet sich in Kapitel 1.
[9] visuell, auditiv, kinesthetisch

GFK ein Vorbild zu sein (model learning), sowohl in unserer Ausdrucksweise, als auch in unserer Haltung, mit der wir unseren Teilnehmenden begegneten.

Wir versuchten eine Haltung zu leben, bei der wir den Kindern grundsätzlich mit Wertschätzung und Respekt begegneten. Dies bedeutete für uns u.a.

- dass wir Verhaltensregeln, die wir für die Gruppen vorschlugen, möglichst transparent machten und benannten, welche Bedürfnisse dadurch erfüllt würden,
- dass wir bereit waren, ggf. zusammen mit den Kindern und Jugendlichen bestimmte Regeln zu verändern;
- dass wir versuchten, gerade in Konfliktsituationen in den Gruppen, die Bedürfnisse der Beteiligten (auch unsere eigenen) zu benennen und erst dann nach Lösungen zu suchen und die Kinder ggf. an der Lösungsfindung zu beteiligen.
- dass wir Sanktionen gegen den Willen eines Kindes nur dann anwandten, wenn andere Möglichkeiten nicht wirksam waren. Auch dann wurden die Sanktionen nicht als Strafe eingesetzt, sondern als Schutz für das Kind selbst, andere Kinder oder uns selbst, und dies wurde dem Kind gegenüber auch deutlich gemacht.
- dass wir Kindern und Jugendlichen die Teilnahme an den Angeboten in der Gruppe freistellten und sie sich entscheiden konnten, welche Übungen sie mitmachen und welche nicht.

Da es bei der GFK (auch) um emotionales und soziales Lernen geht, haben wir die jeweilige Gruppe als eigenen „pädagogischen Faktor" zu nutzen versucht. Wir haben versucht, in den Gruppen durch verschiedene Übungen und Rituale (z.B. die „Herzrunde", in der im Kindergarten alle sagen konnten, wie sie sich gerade fühlten) zu einer Atmosphäre beizutragen, in denen sich die Teilnehmenden emotional sicher fühlten. Gleichzeitig war die Gruppe auch ein Lernfeld für die direkte Anwendung der GFK und den Umgang mit Konflikten.

2.3. Besonderheiten und Erläuterungen zu den Gruppen der InterviewpartnerInnen

Die interviewten Kinder haben an Gruppen der Altersgruppen 1 (Kindergarten) und 3 (10/11 Jahre) teilgenommen.

Eine Besonderheit der Altersgruppe 1 ist, dass die Kinder noch nicht lesen und schreiben können und die Materialien entsprechend gestaltet werden mussten. Wir haben häufig mit Piktogrammen und bildhaften Symbolen gearbeitet.

In dieser Altersgruppe verwendeten wir zwei Handpuppen: Die Giraffe und den „Kleinen Drachen"[10]. Der „Kleine Drache" diente als Identifikationsfigur für die Kinder (er war immer genauso alt wie die Kinder), dadurch sollte erreicht werden, dass die Kinder relativ schnell ihre Scheu vor einem fremden Erwachsenen wie der GFK-Trainerin abbauen konnten. Der „Kleine Drache" kam aus dem fernen Land „Ahimsa", wo Drachen und Giraffen wohnen und die Giraffen den Drachen die Giraffensprache beibringen.

Die Giraffe war die Expertin für die Giraffensprache und half, wenn der „Kleine Drache" und/oder die Kinder nicht mehr weiter wussten, wie eine große, erwachsene Freundin.

Wir legten Wert darauf, dass wir die Handpuppen nicht ständig verwendeten, damit die Kinder die „Giraffensprache" nicht komplett mit den Puppen identifizierten und sie als Kommunikationsform auch ohne diese Hilfsmittel anwenden lernten. In dieser Zeit machten die Giraffe und der Kleine Drache Pause, schauten den Kindern bei bestimmten Übungen oder Spielen zu und gaben hinterher eine Rückmeldung und/oder Zusammenfassung von dem, was sie in ihrer Pause gesehen hatten, z. B.: „Die Kinder haben geholfen, mit dem Herzzauber einen Streit zu klären. Sie haben geraten, wie sich Lisa fühlt und was sie braucht ..."

Die Wolfspuppe verwendeten wir in dieser Gruppe noch nicht, weil Kinder in diesem Alter nach unseren bisherigen Erfahrungen erst noch dabei sind, „destruktiv" wirkende Kommunikation zu lernen und sich diese Sprachmuster noch nicht so verfestigt und verstetigt haben, wie bei älteren Kindern oder Erwachsenen. In diesem Sinne sind wir bei dieser Altersgruppe noch nicht davon ausgegangen, dass sie aus ihrem eigenen Erleben heraus „destruktiv" und „konstruktiv" wirkende Kommunikation unterscheiden können, sondern dass es bei ihnen eher um „Nicht-Benennen-Können" und „Ausdrücken-Können" ging.

Die Kinder, mit denen die Interviews geführt wurden, gehörten zu einer Gruppe jüngerer Kindergartenkinder und waren gerade erst 5 Jahre alt geworden. Die Gruppe fand an 10 Terminen im wöchentlichen Rhythmus bei einer Dauer von je 30 bis ma-

---

[10] Handpuppe von „Living Puppets"

ximal 45 Minuten statt. Teilgenommen haben insgesamt 12 Kinder. Die Gruppe wurde von mir geleitet und von zwei Erzieherinnen begleitet.

In der Altersgruppe 3 (10/11 Jahre) berücksichtigten wir generell zwei Besonderheiten:

Zum einen beginnt bei Kindern in der Vorpubertät das Gefühl von „Scham" eine Rolle zu spielen. Dies kann sich z.b. dadurch ausdrücken, dass die Kinder alles Mögliche „peinlich" finden, z.b. wenn sie sich vor der ganzen Gruppe äußern sollen oder auch wenn sie Theater spielen. Szenische Übungen, bei denen es auf einen authentischen Körper- und Gesichtsausdruck bei der Darstellung von Gefühlen ankam, waren bei dieser Altersgruppe nur bedingt geeignet. (Auch wenn das „Theaterspielen" den Interviews zufolge einigen Kindern in dieser Altersgruppe offenbar besonderen Spaß gemacht hat.)

Zum anderen kann es sein, dass Mädchen und Jungen in dieser Gruppe versuchen, sich stark voneinander abzugrenzen. Wir sahen dies auch als einen Versuch, die eigene Identität zu finden, und versuchten dies während unserer Arbeit zu respektieren, indem wir dies z.B. bereits bei der Zusammenstellung der Gruppe (d.h. für ein möglichst ausgewogenes Verhältnis von Jungen und Mädchen sorgten, soweit wir darauf Einfluss nehmen konnten) und auch während der Arbeit in den Gruppen berücksichtigten, indem wir z.B. immer wieder Kleingruppen ermöglichten, in denen Mädchen oder Jungen unter sich sein konnten.

Gleichzeitig versuchten wir durch die Phasen in der Gesamtgruppe, Verständnis für die jeweils anderen zu ermöglichen.

Die Kinder der Altersgruppe 3, mit denen Interviews geführt wurden, hatten an 2 verschiedenen Projektgruppen teilgenommen. Beide Gruppen fanden im wöchentlichen Turnus statt. Im Gymnasium wurden insgesamt 8 Termine, in der Hauptschule 9 Termine von jeweils 90 Minuten durchgeführt.

Die Inhalte und der Ablauf in den beiden Gruppen unterschieden sich erheblich.

In der Pilotphase hatte ich zusammen mit einer Lehrerin, die sich in ihrer Freizeit als pädagogische Fachkraft für das Projekt zur Verfügung gestellt hatte, mit 11 Kindern (5 Jungen, 6 Mädchen) einer 5. Klasse eines Gymnasiums ein erstes Programm für diese Altersgruppe erstellt. Diese Gruppe hatte den Titel: „Kommunikationsschatzsucher" (Wir haben in den Altersgruppen 1-3 immer mal wieder eine Schatztruhe als Symbol für Bedürfnisse verwendet).

In der Gruppe in der Hauptschule konnten wir jedoch keinen einzigen Termin so durchführen, wie bei den Teilnehmenden des Gymnasiums.

22

Zum einen konnten sich die Kinder in der Hauptschul-AG am Nachmittag nicht mehr sehr lange konzentrieren, so dass wir maximal eine Stunde mit den GFK-Inhalten arbeiten konnten. Die restliche Zeit haben wir gebastelt, wobei wir den Eindruck hatten, dass die Kinder diese Möglichkeit, selbst kreativ zu sein und gleichzeitig mit uns Erwachsenen und den anderen Kindern an einem großen Tisch zu sitzen und dabei entspannt zu plaudern, sehr genossen haben, so dass wir zumindest was die Beziehungsebene und die Atmosphäre in der Gruppe betraf, die „Bastelphase" als integralen Bestandteil der AG begriffen haben.

Die meisten TeilnehmerInnen der Hauptschul-AG hatten große Schwierigkeiten, ihre Impulse zu kontrollieren. Mindestens ein Kind in der AG hatte die Diagnose „ADHS". Die Kinder waren motorisch häufig unruhig, konnten kaum längeren mündlichen Erklärungen folgen und schienen Stress vor allem körperlich auszuagieren. Konflikte unter den Teilnehmenden schaukelten sich meistens in einer großen Geschwindigkeit auf.

Aus diesem Grund arbeiteten wir schließlich mit einem Team von drei Erwachsenen in einer Gruppe mit neun Kindern. Erst mit dieser Besetzung gelang es uns, Konflikte und Unruhe in der Gruppe auf eine Weise zu kanalisieren, bei der noch inhaltliches Lernen mit der GFK möglich war. Wir haben in dieser Gruppe nur einen Bruchteil der GFK-Inhalte, mit denen wir in der Gruppe am Gymnasium gearbeitet haben, vermitteln können, und uns dabei hauptsächlich den Schritten „Gefühle" und „Bedürfnisse" gewidmet.[11] Mit Hilfe von „Vokabellisten" (z.B. die „Gefühlssonne") mit Begriffen für Gefühle und Bedürfnisse, haben wir den Kindern Möglichkeiten gezeigt, wie sie ihren eigenen „Aufregungsgrad" durch Übungen zur „Selbsteinfühlung" selbst regulieren können. Die Handpuppen „Wolf" und „Giraffe" wurden von dieser Gruppe nicht gut angekommen. Kommentar mehrerer Kinder: „Solche Puppen hatten wir doch schon in der Grundschule...! "[12] Deshalb haben wir die Pup-

---

[11] Im Anschluss an diese AG mit 9 Terminen habe ich (wieder in einem 3er-Team) einige Wochen später eine Fortsetzungs-AG mit 3 Terminen angeboten, an der 6 Teilnehmende der ersten AG an der Hauptschule erneut teilnahmen. In dieser Fortsetzungs-AG war es schließlich möglich, verstärkt inhaltlich zu arbeiten, so dass wir während dieser 3 Termine noch die Schritte „Beobachtung" und „Bitte" einführen konnten. Die Kinder waren beim letzten Termin tatsächlich in der Lage, ihre Befindlichkeit während unserer „Wie-geht's-mir-Runde" in den „4 Schritten" auszudrücken! (...„Ich bin gerade glücklich, denn ich hab neue Fußballkarten bekommen. Ich brauche Ruhe und deshalb bitte ich euch, dass ihr euch heute nicht streitet...")

[12] Die Reaktion der Kinder auf die Puppen habe ich u.a. als Ausdruck eines geringen Selbstwertgefühls gedeutet. Es schien ihnen auch in anderen Situationen sehr wichtig zu sein, „ernst ge-

pen nach einem ersten Versuch nicht weiter verwendet und auch nicht die entsprechenden Begrifflichkeiten benutzt. Die AG hieß einfach „Gewaltfreie Kommunikation".

Wir haben immer wieder mit der GFK „live" gearbeitet, d.h. versucht, mit Hilfe der GFK Streit zu schlichten, Konflikte und akute Probleme zu klären, d.h. im Wesentlichen stand in dieser Gruppe während der 9 Termine die Arbeit an der „Beziehungsebene" (innerhalb der Gruppe und z.T. auch zu uns Erwachsenen) im Mittelpunkt. Diese „Beziehungsarbeit" schien uns die Voraussetzung dafür zu sein, dass die Teilnehmenden überhaupt Inhalte aufnehmen konnten.

---

nommen" zu werden und auch von den anderen Teilnehmenden nicht als „kindisch" oder „schwach" angesehen zu werden, so dass sie sich auf solches „Spielzeug" nicht sehr gut einlassen konnten.

Bedürfniskarten im Kindergarten

3. Der Spaß

3.1. Interview mit K., männlich, 5 Jahre, Kindertagesstätte

1 I.: So, K., dann erzähl doch mal, was ihr mit Frau K. in der Giraffengruppe
2 gemacht habt.
3 K.: Ähhh… Das weiß ich noch nich' so genau.
4 I.: Das weißt du nicht so genau?
5 K.: Mhm (Kopfschütteln).
6 I.: Hat dir denn etwas besonders viel Spaß gemacht?
7 K.: (Nicken)
8 I.: Was hat dir denn besonders viel Spaß gemacht?
9 K.: Ähhh ähhhm wir haben äh wa was hmmm hmmm was wollte ich denn
10 noch mal sagen? Hmm hm hm hm och man hmm wir wir haben da was
11 sooo soo mit der Bank gemacht.
12 I.: Mit der Bank? Was habt ihr denn mit der Bank gemacht?
13 K.: Ja. Ähh wir haben ähhh äh wi wir haben da da so welche Kreise hingelegt
14 und so welche Glückssteine, und dann müssen wir ähm ähh äh da dann
15 müssen wir hmm ehhm äh sehen und was wir hören. Und dann äh ehm
16 ehm und dann ehm und dann wurden und dann müssen wir hm hm hm sa-
17 gen, was wir brauchen, un und dann und dann hm wenn es schon mittags
18 zu Ende ist, da dann muss man über die Brücke gehen und dann und dann
19 tut jemand 'n Applaus machen.
20 (Pause)
21 K.: Und noch für Fragen?
22 I.: Ich hab noch Fragen. Jaha (Lachen)
23 K..: Wie viele?
24 I.: Noch ein paar.
25 K.: Hhmm (Lachen)
26 I.: Du hast ja die Giraffensprache, also wo man die Giraffenbrille aufsetzt,
27 kennen gelernt.
28 K.: Hmm.
29 I.: Kannst du mir sagen, wie man die Giraffensprache spricht?
30 K.: Das weiß ich noch nicht.

26

31	I.:	Also kannst du mir das erklären?
32	K.:	Nein.
33	I.:	Nein? Du hast ja jetzt grad von einer Brücke gesprochen, 'ne? Also. Es gibt
34		ja 'ne Giraffenbrille...(K.: Hmm)...Die Brücke und ein Herz und eine
35		Schatzkiste, kannst du mir da erzählen, was das ist?
36	K.:	Ähhh, das hab ich schon wieder vergessen.
37	I.:	Das hast du vergessen?
38	I.:	Und wenn du jetzt mal streitest, benutzt du die Giraffensprache?
39	K.:	Weiß ich nich', we wenn ich gro groß bin, hmm we wenn ich ein bisschen
40		größer bin, da dann kenn ich schon vielleicht die die Giraffensprasprache.
41	I.:	Ach so, wie redet man denn, wenn man die Giraffensprache nicht kann?
42	K.:	Weiß ich nich'.
43	I.:	Hättest du denn Lust, so was noch mal mit Frau K. zu machen?
44	K.:	Mhhm. (Kopfschütteln)
45	I.:	Nein? Und warum nich'?
46	K.:	Weiß ich nich'.
47	I.:	Hat dir auch etwas?? Ähmm.. Hm Gibt es noch etwas anderes, was du mir
48		erzählen möchtest?
49	K.:	Mhhhm. (Kopfschütteln)
50	I.:	Nein? Fällt dir nichts mehr ein?
51	K.:	Mhhm. Nein. (Kopfschütteln)

3.2. Auswertung (Annika Kneiphof)

3.2.1. Kognitives und emotionales Wissen darüber, wie GFK funktioniert

3.2.1.1. Wahrnehmung / Erleben des Projekts

Für K. stehen die Spiele / Übungen, die im Projekt durchgeführt werden, im Vordergrund. Die Spiele und Übungen haben ihm viel Spaß gemacht. In diesem Zusammenhang erzählt das Kind recht ausführlich von dem Projekt, was im Verlauf des Interviews nicht mehr vorkommt.

> I.: Hat dir denn etwas besonders viel Spaß gemacht?
> K.: (Nicken)
> I.: Was hat dir denn besonders viel Spaß gemacht?
> K.: Ähhh ähhhm wir haben äh wa was hmmm hmmm was wollte ich denn noch mal sagen? Hmm hm hm hm och man hmm wir wir haben da was sooo so mit der Bank gemacht.
> I.: Mit der Bank? Was habt ihr denn mit der Bank gemacht?
> K.: Ja. Ähh wir haben ähhh äh wi wir haben da da so welche Kreise hingelegt und so welche Glückssteine, und dann müssen wir ähm ähh äh da dann müssen wir hmm ehm äh sehen und was wir hören. Und dann äh ehm ehm und dann ehm und dann wurden und dann müssen wir hm hm hm sagen, was wir brauchen, un und dann und dann hm wenn es schon mittags zu Ende ist, da dann muss man über die Brücke gehen und dann und dann tut jemand 'n Applaus machen. (S. 27, Z. 6-19)

Er hat eine zeitliche Vorstellung von dem Ablauf einer Projektsitzung. Dies wird deutlich, indem er erwähnt, dass am Ende einer Sitzung im Zusammenhang mit der Brücke applaudiert wird. Dieser Applaus am Ende der Sitzung ist dem Kind im Gedächtnis geblieben. Die Wertschätzung und der Respekt, der den Kindern entgegengebracht wird, bzw. in diesem Fall der Applaus, ist eine grundsätzliche didaktische Überlegung des GFK-Konzepts.

> K.: wenn es schon mittags zu Ende ist, da dann muss man über die Brücke gehen und dann und dann tut jemand 'n Applaus machen. (S. 27, Z. 17-19)

3.2.1.2. Bewertung des Arbeitsprozesses

Dieser Punkt bezieht sich nur auf die älteren Kinder und wird hier aus diesem Grund nicht weiter besprochen.

3.2.1.3. Kennen der Bedeutung der GFK-Begriffe

K. erwähnt von sich selbst aus einige GFK-Begriffe. Er kennt einige Bedeutungen der Begriffe, aber ob er alle Bedeutungen kennt und zu den bestimmten Begriffen zuordnen kann, bleibt offen. Er erwähnt die Gefühlskarten, die Glückssteine und die Brücke. Er nennt die genaue Bezeichnung der GFK-Begriffe nicht, jedoch umschreibt er die Begriffe, und somit wird deutlich, dass er ihre Bedeutung kennt. Die Gefühlskarten umschreibt er mit Kreisen, die hingelegt werden, weil die Gefühlskarten runde Kärtchen sind, auf denen Gefühle stehen. Die Bank steht für die Brücke. Am Ende der Brücke / Bank nennt man die Bitte, und damit ist der Prozess der Gewaltfreien Kommunikation beendet. Die Glückssteine werden in Punkt 1.4. näher beschrieben.

K.: (…) Bank gemacht. (S. 27, Z. 11)
K.: (…) wir haben da da so welche Kreise hingelegt und so welche Glückssteine, und dann müssen wir (…) sehen und was wir hören. (S. 27, Z. 13-15)
K.: (…) müssen wir (…) sagen, was wir brauchen, (…) und dann hm wenn es schon mittags zu Ende ist, da dann muss man über die Brücke gehen (…) (S. 27, Z. 16-18)

Einige Begriffe kennt er nicht bzw. kann er nicht (mehr) zuordnen.

I.: Kannst du mir sagen, wie man die Giraffensprache spricht? (S. 27, Z. 29)
K.: Das weiß ich noch nicht. (S. 27, Z. 30)
I.: Also kannst du mir das erklären? (S. 28, Z. 31)
K.: Nein. (S. 28, Z. 32)
I.: Also es gibt ja 'ne Giraffenbrille (…) die Brücke und ein Herz und eine Schatzkiste, kannst du mir da erzählen, was das ist? (S. 28, Z. 33-35)
K.: Ähhh, das hab ich schon wieder vergessen. (S. 28, Z. 36)
I.: Und wenn du jetzt mal streitest, benutzt du die Giraffensprache? (S. 28, Z. 38)
K.: Weiß ich nich' we wenn ich gro groß bin, hmm we wenn ich ein bisschen größer bin, da dann kenn ich schon vielleicht die die Giraffensprasprache. (S. 29, Z. 39-40)
I.: Ach so, wie redet man denn, wenn man die Giraffensprache nicht kann? (S. 28, Z. 41)
K.: Weiß ich nich'. (S. 28, Z. 42)

3.2.1.4. Bewusstsein für die vier zentralen Schritte von GFK

K. hat teilweise ein Bewusstsein für die vier zentralen Schritte von GFK. Er bringt diese jedoch durcheinander oder vertauscht die Bedeutungen. Zu dem ersten zentralen Schritt, der Beobachtung, macht er eine Aussage, jedoch nicht über die Giraffenbrille, die als Symbol der Beobachtung in dieser Gruppe genutzt wurde.

K.: (…) sehen und was wir hören. (S. 27, Z. 15)

Zu dem zweiten Schritt der GFK, den Gefühlen / dem Herz, macht er keine Aussage. K. kennt das Bedürfnis, die Bedeutung und erwähnt diese auch. Im didaktischen Konzept wird das Wort „Bedürfnis" durch „was Menschen brauchen" umschrieben.

K.:   (…) sagen, was wir brauchen. (S. 27, Z. 16-17)

Jedoch ist der Schritt des Bedürfnisses unklar. In diesem Zusammenhang bringt K. noch etwas durcheinander.

Im didaktischen Konzept wird unter Punkt 3 auch erwähnt, dass mit Hilfe von Piktogrammen und kleinen Glassteinen, die auf die Piktogramme gelegt werden, deutlich gemacht wird, was ich gerade brauche. Hier vermischt K. das Bedürfnis und die Beobachtung, denn er erwähnt beides zusammen in einem Satz. Ob K. die Bedeutungen und einzelnen Schritte nicht präzise voneinander trennen kann, oder ob er diese überhaupt in einen Zusammenhang bringt, bleibt unklar.

K.:   Kreise hingelegt und so welche Glückssteine (…) sehen und was wir hören. (S. 27, Z. 13-15)

Den letzten Schritt der GFK, die Bitte, erwähnt K., indem er die Brücke nennt.

K.:   (…) dann muss man über die Brücke gehen (…). (S. 27, Z. 18)

3.2.2.   Nachhaltigkeit: Gibt es Hinweise auf eine nachhaltige Übertragung der GFK in Alltagssituationen?

3.2.2.1.   Vorher-/ Nachheraussagen zum Projekt

K. trifft keine Vorher-/Nachheraussage zum Projekt.

3.2.2.2.   Aussagen zur Empathiefähigkeit und zum Umgang mit Konflikten

K. trifft keine Aussagen zur Empathiefähigkeit und zum Umgang mit Konflikten.

3.2.2.3.   Aussagen zur persönlichen Weiterentwicklung

K. erwähnt mehrmals, dass er etwas noch nicht oder nicht mehr weiß. Er ist sich im Umgang mit dem Konzept unsicher.

K.:   Ähhh... Das weiß ich noch nich' so genau. (S. 27, Z. 3)
K.:   Das weiß ich noch nicht. (S. 27, Z. 30)
K.:   Ähhh, das hab ich schon wieder vergessen. (S. 28, Z. 36)

30

K.: Weiß ich nich' (...), wenn ich ein bisschen größer bin, da dann kenn ich schon viel-leicht die die Giraffensprache. (S. 28, 39-40)

K.: Weiß ich nich'. (S. 28, Z. 46)

3.2.2.4. Bewusstsein für die Sinnhaftigkeit der GFK-Kommunikation im Alltag

Das Kind trifft keine Aussage, die auf sein Bewusstsein der Sinnhaftigkeit der GFK-Kommunikation im Alltag hinweist. Ob und wie er diese im Alltag anwendet, ist un-klar.

3.2.3. Einschätzung der Projektdurchführung

3.2.3.1. Erfüllte und enttäuschte Erwartungen

K. berichtet nicht von seinen erfüllten oder enttäuschten Erwartungen, er erwähnt je-doch, dass er das Projekt nicht noch einmal mitmachen würde. Er begründet oder er-klärt seine Aussage nicht.

I.: Hättest du denn Lust, so was noch mal mit Frau K. zu machen? (S. 28, Z. 43)

K.: Mhhm. (Kopfschütteln) (S. 28, Z. 44)

I.: Nein? Warum nich'? (S. 28, Z. 45)

K.: Weiß ich nich'. (S. 28, Z. 46)

3.2.3.2. Von der Leitung vorgelebte GFK-Haltung

Er erwähnt nicht, ob es eine vorgelebte GFK-Haltung in diesem Projekt gab.

3.2.3.3. Veränderungsimpulse

Nachdem er die Frage, ob er das Projekt noch einmal mitmachen würde, verneint hat und auch keine Begründung geäußert hat, wurde K. nicht mehr explizit gefragt, ob ihm auch etwas nicht gefallen habe.

3.2.4. Zusammenfassung der wesentlichen Ergebnisse

Im Wesentlichen gibt K. nur knappe und unpräzise Angaben. Jedoch stellt er eine Übungsstunde, in der das Spiel für ihn im Vordergrund steht, ausführlich da.

Er kennt einige GFK-Begriffe, aber nicht ihre genaue Bezeichnung, sondern um-schreibt diese eher mit seinen eigenen Worten. Manche Begriffe kennt K. nicht bzw. nicht mehr.

K. hat ein Bewusstsein für die vier zentralen Schritte von GFK. Er bringt diese jedoch teilweise durcheinander oder vertauscht ihre Bedeutungen. Er erwähnt die Beobachtung, die Bitte und das Bedürfnis. Von den Gefühlen sagt er nichts. K. ist in Hinblick auf das Konzept und den Inhalt des Projektes unsicher und erwähnt es mehrmals, indem er sagt, dass er es nicht wisse. Er sagt, dass er das Projekt nicht noch einmal mitmachen würde, begründet diese Aussage aber nicht. Der Punkt der Veränderungsimpulse ist unvollständig, da die Frage nicht noch einmal explizit gestellt wurde.

3.2.4.1. Auffälligkeiten

Es sind auffällige Begrifflichkeiten in dem Interview vorhanden. Jedes Mal, wenn er sagt, dass er es nicht oder noch nicht weiß, spricht er nur von sich selbst.

K.:   Ähhh... Das weiß ich noch nich' so genau. (S. 27, Z. 3)
K.:   Das weiß ich noch nicht. (S. 27, Z. 30)
K.:   Ähhh, das hab ich schon wieder vergessen. (S. 28, Z. 36)
K.:   Weiß ich nich' (...) (S. 28, Z. 39)
K.:   Weiß ich nich'. (S. 28, Z. 42)
K.:   Weiß ich nich'. (S. 28, Z. 46)

Wenn er den Verlauf des Projekts schildert und die Situationen in der Gruppe beschreibt, redet er nur in der Mehrzahl.

K.:   Ähhh ähhhm wir haben (...) wir wir haben (...). (S. 27, Z. 9-10)
K.:   Ja. Ähh wir haben ähhh ähh wi wir haben (...) müssen wir ähm ähh äh, da dann müssen wir (...) was wir hören. (...) müssen wir (...). (S. 27, Z. 13-16)

Er bezeichnet eine Person/eine Personengruppe als jemand und man. Es ist unklar, wen er damit meint.

K.:   (...) muss man über die Brücke gehen und dann und dann tut jemand 'n Applaus machen. (S. 27, Z. 18-19)

Er bezieht seine Unklarheiten in Bezug auf einige Begriffe und Abläufe nur auf sich, nimmt aber ein Gruppengefühl in dem Projekt war. Er nimmt Unterschiede zwischen sich, der Gruppe und jemand anderen war. Zusätzlich gibt es Auffälligkeiten in Hinsicht auf die Entwicklung des Interviewleitfadens. Zurückblickend kann man sagen, dass die Art und Weise, wie manche Fragen gestellt wurden, einige Kinder im Kindergartenalter überfordern könnte: „Du hast ja die Giraffensprache kennen gelernt: Kannst du mir das erklären / beibringen? Nachfrage: Ich hab gehört es gibt eine Giraffenbrille, ein Herz, eine Schatzkiste, eine Brücke. Kannst du mir dazu was erzählen?" Dieser Punkt hätte konkretisiert werden müssen, damit nicht zu viele Begriffe und Fragen auf einmal gestellt werden und das Kind somit nicht überfordert wird. Zuletzt muss erwähnt werden, dass das Bewusstsein bei einem fünfjährigen Kind noch nicht ausreichend ausgebildet ist. Meiner Meinung nach sind die Kinder in diesem Alter noch zu klein, um sie zu befragen und damit das Projekt ausführlich evaluieren zu können, jedoch nicht zu jung, um an diesem Projekt teilzunehmen.

Schatzkiste

3.3 Interview mit R., männlich, 12 Jahre, Gymnasium

1   I.:   Okay. Du hast ja bei der AG Gewaltfreie Kommunikation teilgenommen,
2   von Frau K.. Ähm, erzähl doch mal, was ihr alles gemacht habt.

3   R.:   Also, wir haben viele Spiele gespielt, weil wir des Öfteren auch draußen
4   waren und in einem Gruppenraum, da mussten wir dann so vorspielen. So
5   bestimmte Sachen. Also so gelangweilt, äh cool, ähm war dann auch noch
6   so Streit vorspielen. Wo wir dann alles eben ohne Worte, und dann sollten
7   die anderen das dann immer erraten, dars dann hatten wir noch so Zettel,
8   da standen da so Gefühle drauf, und dann hatten wir noch so Zettel, äh
9   stand äh stand auch noch was drauf, und dann hatten wir noch so ganz
10   kleine Zettel, dann mussten wir das dann alles so äh zuordnen wie das so
11   zusammen passt und...

12 I.:   Also ihr hattet mehrere Zettel wo was drauf stand, also Gefühle hast du
13   gesagt, 'ne? Und und das andere weißt du jetzt nicht mehr. Also da stand
14   was drauf und vers.. dann zuordnen zueinander.

15 R.:   Und dann noch was, da sollten wir, da da standen so verschiedene Sachen
16   drauf, also schlafen, feiern, spielen, und dann sollten wir dazu die richtigen
17   Gefühle nennen, und ja das war's eigentlich so. Eigentlich immer so um die
18   Gefühle ging's, eigentlich, oder dass man ausdrücken sollte, wenn man ir-
19   gendwelchen Situationen ist, wie man sich g'rade fühlt und so.

20 I.:   Hmhm. (Pause) Okay. Ähm wie hat dir das denn so gefallen, was ihr ge-
21   macht habt?

22 R.:   Also ich fand's eigentlich alles sehr gut, es hat sehr viel Spaß gemacht.
23   Auch dass da so viele andere waren. Fand's jetzt 'n bisschen schade, dass
24   da jetzt nirgendwo aus anderen Klassen so waren. Dass das jetzt nur unsere
25   Klasse war. Aber es hat sehr viel Spaß gemacht, auch die ganzen Spiele
26   und dies mit den Gefühlen umgehen. Konnte ich vorher so noch nich'. Oh..
27   Auch man hat da so'n bisschen was gelernt so, in und wenn man jetzt so
28   kurz vorm Prügeln steht, dass man auch so komm, lass es, ich will das jetzt
29   nich'!

30 I.:   Hm.

31 R.:   Joah.

32 (Pause)

33 I.:   Okay, ähm hat dir denn etwas besonders Spaß gemacht?

34	R.:	Ja, diese Spiele, die waren ganz toll, und dieses Vorspielen, und dass die
35		anderen das erstmal raten und auch, es war auch schwierig, das erstmal gut
36		vorzumachen, (I.: Hm) weil musste sich erstmal in dieses Gefühl rein set-
37		zen, in diese Situation.
38	I.:	Hm. Ach so, du musstest dich erst dann im Gefühl… musstest (R.: Ja) du
39		überlegen?
40	R.:	Ja, also wir hatten dann da so'n kleines Kärtchen, und dann mussten wir
41		alle ziehen, da stand dann irgendwas drauf. Und dann wurden wir in zwei
42		Dreiergruppen, also in Dreiergruppen eingeteilt, und die haben dann eben
43		mal, jeder hat was anderes vorgespielt, dann mussten die anderen das eben
44		erraten.
45	I.:	Ach so… Ähm hast du, du hast es g'rad auch schon gesagt, aber ich frag
46		nochmal: hast du denn dabei auch etwas Neues gelernt? Also etwas ge-
47		lernt?
48	R.:	Also ja, dieses mit den Gefühlen umgehen, wie man damit (I.: Genau)
49		wirklich umgeht, und nich' so einfach so mal in so irgendwelchen Situatio-
50		nen so Stopp sagen: lass es! Nich' einfach so wild herum: Ja, pack mich
51		nich' an! Oder so. Das können wir dann auch sagen, aber dann nicht die
52		ganze Zeit: Stopp, stopp, stopp! Das nervt dann auch irgendwann, (I.: Hm)
53		und ich glaube, so kann man sich vielleicht auch noch 'ne Freundschaft
54		versauen. (I: Hm) Wenn das dann die ganze Zeit macht, weil's dein Freund
55		dann auch nervt.
56	I.:	Okay. Ähm, wenn es jetzt mal Streit gibt in deiner Klasse oder in der Fa-
57		milie oder mit Freunden, gehst du dann jetzt anders damit um?
58	R.:	Also zu Hause, da geh' ich da schon wirklich jetzt mit anders um. Hier in
59		der Klasse is' das so'n bisschen verschieden, kommt immer auf die Situati-
60		on an, weil meistens sind da andere da auch noch für oder gegen mich. Ja,
61		wenn man dann so seine Meinung sagt, dann sind andere immer für 'ne an-
62		dere Meinung, und dann wenn manche Meinungen (Rauschen) dann hilft
63		das langsam auch gar nix mehr, wenn man dann mal was sagt, dann is' de-
64		nen das alles egal.
65	I.:	Hm. Du hast g'rad gesagt, in deiner Familie gehst du damit anders aber um.
66		Kannst (R.: Ja) du mir so so ungefähr sagen, so'n Beispiel nennen dafür?
67	R.:	Also wenn mein Bruder jetzt in mein Zimmer die ganze Zeit rein kommt,
68		und ich sage, ich will es nicht, will jetzt in Ruhe gelassen werden, will

69		meine Hausaufgaben machen, dann sag ich ihm auch: Komm, jetzt geh' bit-
70		te raus, geh' in dein Zizimmer, wir können nachher irgendwas zusammen
71		machen. Ja, dann geht er meistens in sein Zimmer und dann kommt er aber
72		auch gar nicht mehr zu mir, weil er keine Lust hat.
73	I.:	Ach so.
74	R.:	Weil er dann irgendwie schon in der anderen Sache verwickelt ist.
75	I.:	Okay. Ähm. Okay, ähm Frau K. hieß ja die, die das mit euch gemacht hat
76		'ne? (R.: Ja) Ähm, findest du das gut, dass Frau K. das Projekt mit euch
77		gemacht hat?
78	R.:	Also ich fand das richtig gut, weil ich weiß jetzt nich', wie es jetzt so zu
79		Hause oder hier mit der Klasse so umgegangen wär, weil vielleicht wär
80		dann öfters Ausraster passiert. (I.: Hm) So, ja doch dass man nich' jetzt mal
81		so richtig ausrastet, weil das is ja irgendwie, es könnte sogar noch im
82		Kampf enden und Beleidigungen und das wollten wir eigentlich nich' in
83		dieser AG. Das sollten wir da eigentlich vermeiden.
84	I.:	Hmhm. Hm, hättest du denn Lust, es nochmal zu machen?
85	R.:	Also würd ich. Ja, weil vielleicht jetzt auch noch ein paar andere Sachen.
86		Nich' 'n bisschen weg von den Gefühlen mit was anderes, so Streitsituatio-
87		nen mal wirklich nachspielen und dann dass man wirklich ausprobieren
88		und vielleicht auch noch andere Spiele sich so ausdenken oder auch äh
89		mehr dieses Vorspielen, weil das hat auch richtig Spaß gemacht. Und allei-
90		ne die ganze AG war richtig gut.
91	I.:	Hmhm. Ähm hat dir denn auch was gefehlt?
92	R.:	Äh, so gefehlt hat jetzt eigentlich nichts. Ähm, oh, find' ich jetzt eigentlich
93		nich', weil Spiele waren drin, so Schauspiel war auch drin, so konnte man
94		sich das auch eigentlich auch vorstellen und am Anfang so du-durften wir
95		auch raten. Da wurden eigentlich so Sachen, was wir dann später gemacht
96		haben, also Spiele, wurden nur genannt, aber sonst irgendwie 'n paar Vor-
97		spiele, aber sonst wurde eigentlich nichts genannt. Fehlen würde jetzt sa-
98		gen? Fehlen, ne nichts.
99	I.:	Okay. Hm, hast du denn Ideen was man noch besser machen könnte?
100	R.:	Öh, vielleicht dass man andere Klassen auch noch anwirbt, in so 'ner Jahr-
101		gangsstufe, jetzt nicht nur eine Klasse oder so, so lernt man auch mal andre
102		Ki-kinder kennen, die, wie die da so mit umgehen. Nicht nur in der eigenen
103		Klasse, weil wenn man das jetzt so mit anderen spielt, das hat man schon

104		öfters gesehen aus anderen Klassen. Da hab ich auch 'n Freund. Da hab ich
105		denen gesagt: Jetzt lass es mal! Denen is' das irgendwie egal, die hatten das
106		ja nich' und ja, die machen dann eigentlich immer weiter.
107	I.:	Hm. Wurd' denn nur eure Klasse dazu angeworben, oder haben halt nur
108		von eurer Klasse welche teilgenommen. Weißt du das?
109	R.:	Also, ich meine, sie sie hat das nur in unser Klasse gemacht, weil Frau A.,
110		die kannte ja diese Frau K. auch, und ja die hat das erstmal nur in unsrer
111		Klasse gemacht. Weil, ähm in anderen Klassen, da hat Frau A. ja gar nich'
112		so nachgefragt, also wirklich nur in unsrer. Ich glaub' Frau K. wollte das
113		auch so. Erstmal nur. So, glaub' auf den anderen Schulen war das ja auch
114		so, hat Frau A. gesagt, dass Frau K. ihr das gesagt hat. Dass, sie macht eine
115		Klasse halt.
116	I.:	Okay, ähm. Ja, ähm dann kommen wir auch schon zur letzten Frage. Ähm,
117		was würdest du denn ganz besonders nochmal gerne machen?
118	R.:	Also auf alle Fälle diese Vorspiele, weil die haben richtig viel Spaß ge-
119		macht und auch...
120	I.:	Was für Spiele? Vorspiele?
121	R.:	Hmm. Ja so Schauspiele.
122	I.:	Ach so.
123	R.:	Und das dann eben diese Sachen erkennen, weil das hat richtig viel Spaß
124		gemacht und vielleicht dann noch so in einzelnen Gruppen, dass man da ir-
125		gend'n Schauspiel erstellt. Also irgendwelche eigenen Situationen, dass
126		man irgendwelche Gefühle vorgelegt bekommt und irgendwelche anderen
127		Sachen noch so. Irgendwie was spielen irgendwie, wie auf wie diese Bei-
128		spiele schlafen und so was alles, und das dann irgendwie in so 'ne Ge-
129		schichte umsetzen.
130	I.:	Okay, möchtest du noch was sagen zum Schluss? Was du gerne darüber
131		sagen möchtest?
132	R.:	Also ich fand die AG sehr gut. Ich würde mich freuen, wenn das jetzt ande-
133		re Kinder auch machen und das auf anderen Schulen gemacht wird. Viel-
134		leicht auch mal an Grundschulen, weil für die Kinder könnte das jetzt
135		schon sehr gut sein, denn damals, wie ich auf der Schule war, war das auch
136		sehr heftig, dass da sich so viele Kinder geprügelt haben, schon in den jun-
137		gen Jahren.
138	I.:	Hm. (Pause) Okay, dann war's das auch. Dankeschön!

3.4 Auswertung (Annika Kneiphof)

3.4.1. Kognitives und emotionales Wissen darüber, wie GFK funktioniert

3.4.1.1. Wahrnehmung / Erleben des Projekts

Für R. stehen die Rollenspiele und das interaktive Theater im Vordergrund. Er erwähnt die Rollenspiele immer wieder im Verlauf des Interviews, und somit wird deutlich, dass ihm diese sehr wichtig waren und ihm in Erinnerung geblieben sind.

> R.: Also wir haben viele Spiele gespielt, (...) da mussten wir dann so vorspielen. (S. 36, Z. 3-4)
>
> R.: (...) Streit vorspielen. (S. 36, Z. 6)
>
> R.: Ja, diese Spiele, die waren ganz toll, und dieses Vorspielen, und dass die anderen das erstmal raten (...) (S. 37, Z. 34-35)
>
> R.: (...) jeder hat was anderes vorgespielt, dann mussten die anderen das eben erraten. (S. 37, Z. 43-44)
>
> R.: (...) so Streitsituationen mal wirklich nachspielen (...) mehr dieses Vorspielen (...) (S. 38, Z. 86-89)
>
> R.: (...) weil Spiele waren drin, so Schauspiel war auch drin (...) (S. 38, Z. 93)
>
> R.: (...) Spiele wurden nur genannt, aber sonst irgendwie 'n paar Vorspiele (...) (S. 38, Z. 96-97)
>
> R.: Also auf alle Fälle diese Vorspiele (...) (S. 39, Z. 118)
>
> R.: Hmm. Ja so Schauspiele. (S. 39, 121)
>
> R.: (...) dass man da irgend'n Schauspiel erstellt. (S. 39, Z. 124-125)
>
> R.: Irgendwie was spielen (...) das dann irgendwie in so 'ne Geschichte umsetzen. (S. 39, Z. 127-129)

3.4.1.2. Bewertung des Arbeitsprozesses

R. nahm den Arbeitsprozess als zufriedenstellend wahr. Er würde erneut an dem Projekt teilnehmen.

> I.: Hmhm. Hm, hättest du denn Lust, es nochmal zu machen? (S. 38, Z. 84)
>
> R.: Also würd ich. Ja, weil vielleicht jetzt auch noch ein paar andre Sachen. (...). (S. 38, Z. 85)

Er erzählt viel von dem interaktiven Theater und den Rollenspielen, also kann vermutet werden, dass das Theater und die Rollenspiele ein großer Bestandteil des Projektes waren (siehe 3.4.1.1).

3.4.1.3. Kennen der Bedeutung der GFK-Begriffe

R. kennt die Bedeutung der GFK-Begriffe, nennt jedoch die Begriffe Beobachtung, Gefühl, Bedürfnis und Bitte nicht. R. erwähnt von sich aus nur den GFK-Begriff Gefühl mehrmals. Das Gefühl ist R. stark in Erinnerung geblieben.

> R.: (...) da standen da so Gefühle drauf (...) (S. 36, Z. 8)
> R.: (...) dazu die richtigen Gefühle nennen (...) (S. 36, Z. 16-17)
> R.: Eigentlich immer so um die Gefühle ging's (...) (S. 36, Z. 17-18)
> R.: (...) musste sich erstmal in dieses Gefühl rein setzen, in diese Situation. (S. 37, Z. 36-37)
> R.: Also ja, dieses mit den Gefühlen umgehen (...). (S. 37, Z. 48)
> R.: Nich'n bisschen weg von den Gefühlen (...). (S. 38, Z. 86)
> R.: (...) irgendwelche Gefühle vorgelegt bekommt (...). (S. 39, Z. 126)

Er kennt die Beobachtung, nennt jedoch nicht den Begriff. Er umschreibt die Beobachtung, indem er die Spielszene nennt (siehe Punkt 3.4.1.1). Er kennt seine Bedürfnisse und die der anderen Personen. R. nennt jedoch auch in diesem Fall nicht den GFK-Begriff (siehe Punkt 3.4.1.4.). R. kennt seine Bedürfnisse und kann daraus eine Bitte formulieren.

3.4.1.4. Bewusstsein für die vier zentralen Schritte von GFK

R. hat ein Bewusstsein für die vier zentralen Schritte der GFK. Er kann die Gefühle von anderen erkennen, bezieht auch die Gestik und Mimik mit ein und erkennt sie. Er kann seine eigenen Gefühle spüren und benennen.

> R.: Eigentlich immer so um die Gefühle ging's, eigentlich, oder dass man ausdrücken sollte, wenn man irgendwelchen Situationen ist, wie man sich gerade fühlt und so. (S. 36, Z. 17-19)

Anhand einer aktuellen oder vergangenen Spielszene oder vergangenen Situationen kann er eine Situation beobachten, seine Bedürfnisse erkennen und benennen. (siehe Punkt 3.4.1.1.) Er kann in Konfliktsituationen sagen, was er nicht möchte, und formuliert eine Bitte. Zusätzlich nennt er Vorschläge zur Problem- und Konfliktlösung.

> R.: (...) und wenn man jetzt so kurz vorm Prügeln steht, dass man auch so komm lass es ich will das jetzt nich'! (S. 36, Z. 27-29)
> R.: Also wenn mein Bruder jetzt in mein Zimmer die ganze Zeit reinkommt und ich sage ich will es nicht, will jetzt in Ruhe gelassen werden, will meine Hausaufgaben machen, dann sag ich ihm auch: Komm jetzt geh bitte raus, geh in dein Zizimmer, wir können nachher irgendwas zusammen machen. (S. 37-38, Z. 67-71)

3.4.2. Nachhaltigkeit: Gibt es Hinweise auf eine nachhaltige Übertragung der GFK in Alltagssituationen?

3.4.2.1. Vorher-/ Nachheraussagen zum Projekt

Er sagt, dass er jetzt zu Hause anders mit Konflikten umgehe als vor dem Projekt.

> R.: Also zu Hause, da geh' ich da schon wirklich jetzt mit anders um. (S. 37, Z. 58)

Er sagt aber auch, dass sich sein Verhalten in der Klassengemeinschaft und generell in der Schule nur teilweise verändert habe.

> R.: Hier in der Klasse is' das so'n bisschen verschieden, kommt immer auf die Situation an, weil meistens sind da andere da auch noch für oder gegen mich. (S. 37, Z. 58-60)

Er hat gelernt, dass Menschen die gleiche Situation unterschiedlich deuten und bewerten können.

> R.: Ja, wenn man dann so seine Meinung sagt, dann sind andere immer für 'ne andere Meinung (...) (S. 37, Z. 60-62)

3.4.2.2. Aussagen zur Empathiefähigkeit und zum Umgang mit Konflikten

Die Empathie ist R. im Gedächtnis geblieben. Er kann „in Rollenspielen die Rolle eines Konfliktpartners übernehmen und sich in diesen hinein versetzen" (didaktisches Konzept – Projekt Ahimsa). Er würde sogar gerne noch mehr Rollenspiele und interaktives Theater üben.

> R.: Also würd ich. Ja, weil vielleicht jetzt auch noch ein paar andere Sachen. Nich' 'n bisschen weg von den Gefühlen mit was anderes, so Streitsituationen mal wirklich nachspielen und dann dass man wirklich ausprobieren und vielleicht auch noch andere Spiele sich so ausdenken oder auch äh mehr dieses Vorspielen, weil das hat auch richtig Spaß gemacht. (S. 38, Z. 85-89)

Er erinnert sich auch noch an das GFK-Tanzparkett. Er nennt zwar nicht den Begriff GFK-Tanzparkett, umschreibt diesen aber. Das GFK-Tanzparkett dient zur Konfliktklärung. Es liegen „laminierte Bodenkarten der 4 Schritte, über die man sich bewegen kann, um deutlich zu machen, mit welchem Schritt man innerlich gerade verbunden ist" auf dem Boden (didaktisches Konzept – Projekt Ahimsa).

> R.: dann hatten wir noch so Zettel, da standen da so Gefühle drauf und dann hatten wir noch so Zettel, äh stand äh stand auch noch was drauf und dann hatten wir noch so

> ganz kleine Zettel, dann mussten wir das dann alles so äh zuordnen wie das so zusammen passt (S. 36, Z. 8-11)

R.: Ja, also wir hatten dann so'n kleines Kärtchen und dann mussten wir alle ziehen, da stand dann irgendwas drauf. (...) (S. 37, Z. 40-41)

Sein Umgang mit Konflikten hat sich geändert. (siehe Punkt 3.4.2.3.) Er beobachtet die Situation und kann die Konfliktsituation im Nachhinein beschreiben.

R.: irgendwelchen Situationen so Stopp sagen: lass es! Nich' einfach so wild herum: Ja, pack mich nich' an! Oder so. Das können wir dann auch sagen, aber dann nicht die ganze Zeit: Stopp, stopp, stopp! Das nervt dann auch irgendwann (...) (S. 37, Z. 49-52)

R.: und wenn man jetzt so kurz vorm Prügeln steht, dass man auch so komm, lass es, ich will das jetzt nich'! (S. 36, Z. 27-29)

R.: Also wenn mein Bruder jetzt in mein Zimmer die ganze Zeit rein kommt, und ich sage, ich will es nicht, will jetzt in Ruhe gelassen werden, will meine Hausaufgaben machen, dann sag ich ihm auch: Komm, jetzt geh' bitte raus, geh' in dein Zizimmer, wir können nachher irgendwas zusammen machen. (S. 37-38, Z. 67-71)

3.4.2.3. Aussagen zur persönlichen Weiterentwicklung

R. sagt, dass er etwas dazu gelernt habe. Er bezieht sich wieder stark auf die Gefühle. Er kann seine Gefühle deuten und daraus eine Bitte formulieren.

I.: Hast du denn dabei auch etwas Neues gelernt? Also etwas gelernt? (S. 37, Z. 46-47)

R.: Also ja, dieses mit den Gefühlen umgehen, wie man damit (...) wirklich umgeht, und nich' so einfach so mal in so irgendwelchen Situationen so Stopp sagen: lass es! (S. 37, Z. 48-50)

R.: Konnte ich vorher so noch nich'. Oh.. Auch man hat da so'n bisschen was gelernt so, in und wenn man jetzt so kurz vorm Prügeln steht, dass man auch so komm, lass es, ich will das jetzt nich'! (S. 36, Z. 26-29)

3.4.2.4. Bewusstsein für die Sinnhaftigkeit der GFK-Kommunikation im Alltag

Er hat ein Bewusstsein für die Sinnhaftigkeit der GFK-Kommunikation im Alltag und nennt auch einige Beispiele.

R.: (...) und wenn man jetzt so kurz vorm Prügeln steht, dass man auch so komm, lass es, ich will das jetzt nich'! (S. 36, Z. 27-29)

R.: Also wenn mein Bruder jetzt in mein Zimmer die ganze Zeit rein kommt, und ich sage, ich will es nicht, will jetzt in Ruhe gelassen werden, will meine Hausaufgaben machen, dann sag ich ihm auch: Komm, jetzt geh' bitte raus, geh' in dein Zizimmer, wir können nachher irgendwas zusammen machen. (S. 37-38, Z. 67-71)

3.4.3. Einschätzung der Projektdurchführung

3.4.3.1. Erfüllte und enttäuschte Erwartungen

R. nennt Verbesserungsvorschläge (siehe Punkt 3.4.3.3.), ist jedoch generell mit der Projektdurchführung zufrieden.

I.:   Hmhm. Ähm hat dir denn auch was gefehlt? (S. 38, Z. 91)

R.:   Äh, so gefehlt hat jetzt eigentlich nichts. Ähm, oh, find' ich jetzt eigentlich nich', weil Spiele waren drin, so Schauspiel war auch drin, so konnte man sich das auch eigentlich auch vorstellen und am Anfang so du-durften wir auch raten. Da wurden eigentlich so Sachen, was wir dann später gemacht haben, also Spiele, wurden nur genannt, aber sonst irgendwie 'n paar Vorspiele, aber sonst wurde eigentlich nichts genannt. Fehlen würde jetzt sagen? Fehlen, ne nichts. (S. 38, 92-98)

3.4.3.2. Von der Leitung vorgelebte GFK-Haltung

R. ist mit der Leitung, Frau K., zufrieden.

I.:   Ähm, findest du das gut, dass Frau K. das Projekt mit euch gemacht hat? (S. 38, Z. 76-77)

R.:   Also ich fand das richtig gut, weil ich weiß jetzt nich', wie es jetzt so zu Hause oder hier mit der Klasse so umgegangen wär, weil vielleicht wär dann öfters Ausraster passiert. (…) So, ja doch dass man nich' jetzt mal so richtig ausrastet, weil das is ja irgendwie, es könnte sogar noch im Kampf enden und Beleidigungen und das wollten wir eigentlich nich' in dieser AG. Das sollten wir da eigentlich vermeiden. (S. 38, 78-83)

Durch diese Aussage wird deutlich, dass R. die Sprachmuster, die zu Stress und Streitsituationen führen, erkennt und vermeiden möchte. Er respektiert die Gruppe und ihre Mitglieder.

3.4.3.3. Veränderungsimpulse

R. schlägt vor, dass das Projekt nicht nur in dieser einen Klasse durchgeführt werden solle. Seiner Ansicht nach funktioniert die GFK nicht, wenn nicht alle Kinder an dem Projekt teilgenommen haben, weil die anderen Kinder, die nicht an dem Projekt teilgenommen haben, diese Art Umgang mit dem Konflikt nicht deuten und zuordnen können.

R.:   Öh, vielleicht dass man andre Klassen auch noch anwirbt, in so 'ner Jahrgangsstufe, jetzt nicht nur eine Klasse oder so, so lernt man auch mal andre Ki-kinder kennen, die, wie die da so mit umgehen. Nicht nur in der eigenen Klasse, weil wenn man das jetzt so mit anderen spielt, das hat man schon öfters gesehen aus anderen Klassen. Da hab ich auch 'n Freund. Da hab ich denen gesagt: Jetzt lass es mal! Denen is' das irgendwie egal, die hatten das ja nich' und ja, die machen dann eigentlich immer weiter. (S. 38-39, Z. 100-106)

R. würde es gefallen, wenn das Projekt noch erweitert werden würde, indem noch mehr Klassen, Schulen und Altersgruppen teilnehmen.

> R.: Also ich fand's eigentlich alles sehr gut, es hat sehr viel Spaß gemacht. Auch dass da so viele andere waren. Fand's jetzt 'n bisschen schade, dass da jetzt nirgendwo aus anderen Klassen so waren. Dass das jetzt nur unsere Klasse war. (S. 36, Z. 22-25)
>
> R.: Ich würde mich freuen, wenn das jetzt andere Kinder auch machen und das auf anderen Schulen gemacht wird. Vielleicht auch mal an Grundschulen, weil für die Kinder könnte das jetzt schon sehr gut sein (...) (S. 39, Z. 132-135)

R. würde auch gerne noch mehr Schauspiel und interaktives Theater einbringen.

> R.: Also würd ich. Ja, weil vielleicht jetzt auch noch ein paar andere Sachen. Nich' 'n bisschen weg von den Gefühlen mit was anderes, so Streitsituationen mal wirklich nachspielen und dann dass man wirklich ausprobieren und vielleicht auch noch andere Spiele sich so ausdenken oder auch äh mehr dieses Vorspielen, weil das hat auch richtig Spaß gemacht. (S. 38, Z. 85-89)

3.4.4. Zusammenfassung

Für R. stehen die Rollenspiele und das interaktive Theater im Vordergrund. Das wird deutlich, weil er viel und immer wieder von den Rollenspielen und dem interaktiven Theater spricht. Er würde sogar gerne noch mehr Rollenspiele und interaktives Theater üben.

R. nahm den Arbeitsprozess als zufriedenstellend wahr. Er würde erneut an dem Projekt teilnehmen. R. sagt, dass er etwas dazu gelernt habe, nennt aber auch Verbesserungsvorschläge. Er ist jedoch generell mit der Projektdurchführung zufrieden. R. ist mit der Leitung, Frau K., zufrieden. R. schlägt vor, dass das Projekt nicht nur in dieser einen Klasse durchgeführt werden solle.

R. kennt die Bedeutung der GFK-Begriffe, nennt jedoch die Begriffe Beobachtung, Gefühl, Bedürfnis und Bitte nicht. R. hat ein Bewusstsein für die vier zentralen Schritte der GFK. Er sagt, dass er jetzt zu Hause anders mit Konflikten umgehe als vor dem Projekt. Er sagt aber auch, dass sich sein Verhalten in der Klassengemeinschaft und generell in der Schule nur teilweise verändert habe. Die Empathie ist R. im Gedächtnis geblieben. Er hat ein Bewusstsein für die Sinnhaftigkeit der GFK-Kommunikation im Alltag und nennt auch einige Beispiele.

Seiner Ansicht nach funktioniert die GFK nicht, wenn nicht alle Kinder an dem Projekt teilgenommen haben. Diese Meinung teile ich mit R. Ich denke, dass es wichtig ist, GFK weiter zu verbreiten, es hilft nichts, wenn nur eine Klasse das GFK-Konzept anwendet.

3.4.4.1. Auffälligkeiten

Er fixiert sich in dem gesamten Gespräch immer wieder auf das interaktive Theater und die Rollenspiele. Es stellt sich für mich die Frage, ob es ihm besonders viel Spaß gemacht hat, oder ob es einen so großen Anteil an dem Projektverlauf hatte, dass möglicherweise andere Inhalte weniger intensiv bearbeitet wurden und somit fehlen.

Gefühle raten

4. Die Gefühlssonne

4.1. Interview mit L., männlich, 11 Jahre, Hauptschule

1	I.:	Also, du hast ja bei der AG gewaltfreie Kommunikation mitgemacht, 'ne.
2		Erzähl' doch mal, was ihr da alles so gemacht habt.
3	L.:	Also..mhm..wir haben..mhm (lachen) ach ja das erste Tag ehm haben wir
4		uns in einen ähm Kreis gesetzt, und haben gesagt, wie wir heißen und wie
5		wir fühlen und das mit den Gefühlen, das haben wir auch immer wieder
6		gemacht, ja und dann ham wa noch ehm über die Gefühle von uns geredet,
7		und gelernt, wie wir ehm mit andern Kinder umgehen, ja!
8	I.:	Mhm, und wie hat dir das gefallen, was ihr da so gemacht habt?
9	L.:	Eigentlich gut. Also war schon gut…also da ham wa viel auch gelernt…äh
10		das wir nicht gleich auf denjenigen losgehen mhm, der uns genervt hat
11		oder beleidigt hat…
12	I.:	Hmh
13	L.:	Ja!
14	I.:	Und hat dir etwas besonders viel Spaß gemacht in der AG?
15	L.:	Ja!...Das Basteln.
16	I.:	Ihr habt gebastelt?
17	L.:	Ja!
18	I.:	Was habt ihr da so gebastelt?
19	L.:	Ähm…Wir haben verschiedene Sachen gebastelt…äh…ja Frau K. hat Bas-
20		telsachen einfach auf'n Tisch gelegt….ja basteln.
21	I.:	Hatten die Sachen, die ihr basteln durftet, denn irgendetwas mit der AG zu
22		tun?
23	L.:	Nein..mhm…äh das ham wa meistens ähm zum Schluss gemacht. Wenn
24		wir noch 15 Minuten noch hatten, oder wenn wir Schluss hatten, dann ham
25		wa noch 15 Minuten gebastelt.
26	I.:	Hmh super! Mhm kannst du mir sagen, ob du irgendetwas gelernt hast bei
27		der AG?
28	L.:	Ja ich hab' gelernt, äh dass ich nicht sofort so aggressiv werde (I.: Hmh)
29		oder auf denjenigen losgeh solang, dass ich ähm ruhig damit umge-
30		he..also…nicht so ja…also ja, dass ich mit dem ruhig spreche und so ja!
31	I.:	Heißt also, wenn es jetzt mal Streit gibt, dann gehst du damit anders um?

32	L.:	Ja! Zum Beispiel, wenn näher mich jetzt beleidigt, ja nehmen wa mal als
33		Arsch, dann sag ich eben, ähm angenehm, ich bin (Name des interviewten
34		Kindes) ....
35	I. (lacht)	
36	L.:	(lacht)…das heißt dann ähm, dass er sich vorstellt, dass er Arsch heißt. Al-
37		so ja.
38	I.:	Das ist ja 'ne gute Lösung. Und ähm, findest du es denn gut, dass die Frau
39		K. mit euch die AG gemacht hat?
40	L.:	Ja… weil da ähm haben jetzt auch ganz viele Kinder auch da-
41		mit…also….da haben auch ganz viele Kinder teilgenommen (I.: Hmh) und
42		auch was gelernt ja mhm war schon was Gutes….joa außer vielleicht ein
43		paar zwei Kinder, die waren etwas ähm ausgeflippt (I.: Hmh) und haben
44		nicht so richtig mitgemacht ja und sind genauso immer noch nach der AG.
45	I.:	Okay, und die anderen haben sich verändert?
46	L.:	Bis ich so weiß schon, ja nur die aus der anderen Klasse weiß ich nicht so.
47	I.:	Und die zwei, die da immer gestört haben, wie seid ihr damit umgegangen?
48	L.:	Mhm wir ham se einfach ignoriert! Ja
49	I.:	Hmh …Hättest du denn Lust, noch einmal da mitzumachen?
50	L.:	Eigentlich schon….Ja. mhm (Kopfnicken)
51	I.:	Mhm und hat dir denn vielleicht auch irgendwas gefehlt?
52	L. (fragender Blick)	
53	I.:	Also, du hast ja gesagt, du fandest es toll. Aber hat dir auch irgendwas ge-
54		fehlt?
55	L.:	Eigentlich nich' also war schon alles in Ordnung. Ja. Gefehlt hat mir gar
56		nix, das letzte Tag, da ham wa auch so 'ne kleine Party gemacht…
57	I.:	Aha, eine Party?
58	L.:	Ja! Also das war schon alles schön. Ja
59	I.:	Was habt ihr da für eine Party gemacht? Ist ja toll.
60	L.:	Also, das war der letzte Tag..erst ham wa wieder ähm wie ganz normal
61		ähm erst mal haben uns in Gruppen geteilt, und sind in andere Zimmer
62		ähm also gegangen, ja und dann haben wir meisten so 'n Zettel bekommen
63		und ähm ja, da hat der W. (Name des Mitarbeiters) also gesagt ähm zum
64		Beispiel ähm einen Satz (I.: Hmh) und dann hat er und damit gefragt, wie
65		wir uns damit fühlen würden, und dann war auch ein Gefühlssonne also
66		ähm ganz viele Wörter (I.: Hmh) zum Beispiel. wo man zum Beispiel

67		glücklich…traurig…verletzt und so ja so was und dann gab's da noch ein
68		wo man zum Beispiel mhm mhm da war dann zum Beispiel durstig… oder
69		so was man da ähm für die Situation brauchen könnte (I.: Okay.) ja und da
70		ham wa das dann gemacht und dann …ja dann ham wir dann die Party ge-
71		feiert, da ham wir uns alle hingesetzt, ja da ham wa viel genascht und gere-
72		det und so, ja das war ganz nett.
73	I.:	Das ist ja prima und ähm, wenn du jetzt mal so überlegst und du könntest
74		jetzt eine Sache sagen…oder auch mehrere ist egal, was man beim nächs-
75		ten Mal vielleicht besser machen könnte…..
76	L.:	Ähm..also mehr Spaß! Also das war eher ernster und nicht so sehr spaßig.
77		(I.: Hmh) Also das man etwas mehr Spaß machen kann.
78	I.:	Ja, das ist ja ein guter Vorschlag….und was würdest du jetzt von den gan-
79		zen Tagen noch mal am liebsten machen?
80	L.:	Das Basteln!
81	I.:	Das Bastel…das war also richtig super?
82	L.:	Ja!
83	I.:	Prima ….fällt dir vielleicht sonst noch etwas ein, was du sagen möchtest?
84	L.:	Nein!
85	I.:	Dann danke ich dir sehr….
86	L. (Kopfnicken)	
87	I.:	Dankeschön!

50

4.2. Auswertung (Katrin Lingemann)

4.2.1. Kognitives und emotionales Wissen darüber, wie GFK funktioniert

4.2.1.1. Wahrnehmen und Erleben des Projektes

Das in diesem Falle als „AG-gewaltfreie Kommunikation" titulierte Projekt nahm L. als Möglichkeit, in einer bis dato unbekannten Gruppenkonstellation über Gefühle sprechen zu können, wahr.

L.: (…) weil da ähm haben jetzt auch ganz viele Kinder auch damit… also… da haben auch ganz viele Kinder teilgenommen (S. 50, Z. 40-41)

L.: (…) haben wir uns in einen Kreis gesetzt, und haben gesagt, wie wir heißen und wie wir fühlen (…) (S. 49, Z. 3-5)

L.: (…) das mit den Gefühlen haben wir immer wieder gemacht (…) (S. 49, Z. 5-6)

L.: (…) dann ham wa noch ehm über die Gefühle von uns geredet (…) (S. 49, Z. 6)

Weiterhin war für L. die AG ein Lernort, der Strategien zur Konflikt- und Aggressionsbewältigung sowie neue Ansätze der Interaktion aufzeigte.

L.: (…) und gelernt, wie wir ehm mit anderen Kindern umgehen ja! (S. 49, Z. 7)

L.: (…) ich habe gelernt, äh dass ich nicht sofort so aggressiv werde, oder auf denjenigen losgehe… Dass ich ähm ruhig damit umgehe… also dass ich ruhig mit dem spreche. (S. 49, Z. 28-30)

L.: Ja! Zum Beispiel, wenn näher mich jetzt beleidigt, ja nehmen wa mal als Arsch, dann sag ich eben, ähm angenehm, ich bin (Name des interviewten Kindes) (….) das heißt dann ähm, dass er sich vorstellt, dass er Arsch heißt. Also ja. (S. 50, Z. 32-36)

L.: Also war schon gut… also da ham wa viel auch gelernt… äh das wir nicht gleich auf denjenigen losgehen mhm, der uns genervt hat oder beleidigt hat. (S. 49, Z. 9-11)

Die Gelegenheit geboten zu bekommen, sich künstlerisch betätigen zu dürfen, hebt L. besonders hervor. Auch wenn er dieser Gelegenheit eine Favoritenrolle zuspricht, ist ein Bewusstsein für eine Abgrenzung zwischen dem eigentlichen GFK-Projekt und der Bastelaktion vorhanden.

I.: (…) hat dir etwas besonders viel Spaß gemacht?

L.: Ja!...Das Basteln.

I.: Ihr habt gebastelt?

L.: Ja!

I.: Hatten die Sachen, die ihr basteln durftet, denn irgendetwas mit der AG zu tun?

L.: Nein..mhm… äh das ham wa meistens ähm zum Schluss gemacht. Wenn wir noch 15 Minuten noch hatten, oder wenn wir Schluss hatten, dann ham wa noch 15 Minuten gebastelt. (S. 49, Z. 14-25)

4.2.1.2. Bewertung des Arbeitsprozesses

L. nimmt die AG als Möglichkeit, sein Wissens- und Verhaltensspektrum zu erweitern, und bewertet das Projekt und die Art der Durchführung als durchaus positiv. Besondere Glücksmomente erlebte L. durch eine Party, welche zum Abschluss des Projektes gefeiert wurde.

> I.:   (...) wie hat dir das gefallen, was ihr da so gemacht habt?
> L.:   (...) eigentlich gut. Also war schon gut... also da ham wa viel auch gelernt. (S. 49, Z. 8-9)
> L.:   (...) und auch was gelernt ja mhm war schon was Gutes. (S. 50, Z. 41-42)
> I.:   (...) hat dir auch irgendwas gefehlt?
> L.:   Eigentlich nich' also war schon alles in Ordnung. Ja. Gefehlt hat mir gar nix, das letzte Tag, da ham wa auch so 'ne kleine Party gemacht (...) Ja! Also das war schon alles schön. (S. 50, 53-58)

Wenngleich der Arbeitsprozess als überwiegend wohlgestaltet wahrgenommen wird, drückt L. dennoch seinen Wunsch nach einer mitunter gelösteren Atmosphäre aus.

> I.:   (...) wenn du jetzt mal überlegst... was man beim nächsten Mal besser machen könnte (...)
> L.:   Ähm, also mehr Spaß! Also das war eher ernster und nicht so sehr spaßig. (...) Also das man etwas mehr Spaß machen kann. (S. 51, Z. 73-77)

4.2.1.3. Kennen der Bedeutung der GFK-Begriffe

Wenngleich einige der zentralen Schritte von GFK geschildert werden, worauf im weiteren Verlauf (Punkt 4.2.1.4) eingegangen wird, so belegt L. ausschließlich den Schritt des Benennens der Gefühle mit dem GFK-Fachterminus der Gefühlssonne.

> L.:   (...) und dann haben wir meisten so 'n Zettel bekommen, und dann hat er damit gefragt, wie wir uns damit fühlen würden, und dann war auch ein Gefühlssonne also ähm ganz viele Wörter (S. 50, Z. 62-66)

4.2.1.4. Bewusstsein für die vier zentralen Schritte von GFK

Inwieweit L. den Schritt der Beobachtung, welcher die Beschreibung von Gehörtem und Gesehenem sowie die Abgrenzung von Vermutung und Interpretation beinhaltet, bewusst gegangen ist, bleibt offen.

Festzuhalten ist jedoch, dass L. sich als Teil eines Gruppengefüges wahrnimmt, in welchem die individuellen Emotionen thematisiert werden.

L.:   haben wir uns in einen ähm Kreis gesetzt, und haben gesagt, wie wir heißen und wie
        wir fühlen und das mit den Gefühlen, das haben wir auch immer wieder gemacht, ja
        und dann ham wa noch ehm über die Gefühle von uns geredet (S. 49, Z. 3-6)

L.:   (…) dann hat er damit gefragt, wie wir uns damit fühlen würden (…) (S. 50, Z. 64-65)

Einen besonderen Stellenwert scheint das Erleben und Ausdrücken von Gefühlen bei
L. einzunehmen, da er diesen Schritt nicht nur mehrfach als erwähnenswert befindet,
sondern auch zur Verbalisierung des Gelernten einzelne Gefühle exemplarisch benennt.

L.:   haben wir uns in einen ähm Kreis gesetzt, und haben gesagt, wie wir heißen und wie
        wir fühlen und das mit den Gefühlen, das haben wir auch immer wieder gemacht, ja
        und dann ham wa noch ehm über die Gefühle von uns geredet (S. 49, Z. 3-6)

L.:   (…) dann hat er damit gefragt, wie wir uns damit fühlen würden und dann war auch
        eine Gefühlssonne (…) (S. 50, Z. 64-65)

L.:   ganz viele Wörter (…) zum Beispiel, wo man zum Beispiel glücklich … traurig …
        verletzt und so (S. 50-51, Z. 66-67)

Weiterhin ist zu beachten, dass der Junge auch ohne explizite Nennung der Begrifflichkeiten sowohl Bedürfnisse erkennen kann, als auch ein Gespür für Strategien
zur Befriedigung dieser entwickelt hat.

I.:   (…) da gab's dann noch ein… wo man (…) zum Beispiel durstig (…) oder so was man
        da ähm für diese Situation brauchen könnte. (S. 51, Z. 67-69)

L.:   (…) ich hab gelernt, äh dass ich nicht sofort so aggressiv werde (…) oder auf denjeni-
        gen losgeh solang, dass ich ähm ruhig damit umgehe … also nicht so ja … also dass
        ich mit dem ruhig spreche und so ja. (S. 49, Z. 28-30)

Darüber, inwieweit ein Bewusstsein für den letzten der vier in der GFK benannten
Schritt – der Bitte – vorhanden ist, kann aus den im Interview gegebenen Antworten
keine Aussage getroffen werden.

4.2.2.   Nachhaltigkeit: Gibt es Hinweise auf eine nachhaltige Übertragung der GFK in Alltagssituationen?

4.2.2.1   Vorher-/Nachheraussagen zum Projekt

L. trifft lediglich eine Nachheraussage zum Projekt, indem er über (Verhaltens-) Veränderungen spricht, welche er meint, bei seinen Klassenkameraden bemerkt zu haben.

I.:   (…) und die anderen haben sich verändert?

L.: Bis ich so weiß schon, ja nur die aus der anderen Klasse weiß ich nicht so. (S. 50, Z. 45-46)

Dabei führt L. die Möglichkeit, sich nachhaltig verändern zu können, auf eine aktive Teilnahme während des Projektes zurück.

L.: außer vielleicht ein paar zwei Kinder, die waren etwas ähm ausgeflippt (...) und haben nicht so richtig mitgemacht ja und sind genauso immer noch nach der AG. (S. 50, Z. 42-44)

4.2.2.2. Aussagen zur Empathiefähigkeit und zum Umgang mit Konflikten

L. erwähnt mehrfach, dass sich sein Verhalten bezüglich des Umganges mit Konfliktsituationen geändert hat, und er die in der AG erlernten Handlungsstrategien weiterhin anwendet.

L.: (...) also da ham wa viel auch gelernt... äh dass wir nicht gleich auf denjenigen losgehen, mhm der uns genervt hat oder beleidigt hat... (S. 49, Z. 9-11)

L.: (...) ich hab gelernt, äh dass ich nicht sofort so aggressiv werde (...) oder auf denjenigen losgeh solang, dass ich ähm ruhig damit umgehe ... also nicht so ja ... also dass ich mit dem ruhig spreche und so ja. (S. 49, Z. 28-30)

I.: (...) wenn es jetzt also mal Streit gibt, dann gehst du damit anders um?

L.: Ja! Zum Beispiel, wenn näher mich jetzt beleidigt, ja nehmen wa mal als Arsch, dann sag ich eben, ähm angenehm, ich bin (Name des interviewten Kindes) (S. 49-50, Z. 31-34)

4.2.2.3. Aussagen zur persönlichen Weiterentwicklung

Siehe hierzu Punkt 4.2.2.2.

4.2.2.4. Bewusstsein für die Sinnhaftigkeit der GFK-Kommunikation im Alltag

Inwieweit L. ein Bewusstsein für die Sinnhaftigkeit der GFK-Kommunikation entwickelt und diese in seinen Sprachgebrauch integriert hat, kann nicht gesagt werden. Lediglich in seinen Aussagen, welche den Umgang mit Konfliktsituationen thematisieren, kann man erkennen, dass L. auf ihm entgegengebrachte „gewaltvolle Kommunikation" nun ruhiger und selbstsicherer reagieren kann.

I.: (...) wenn es jetzt also mal Streit gibt, dann gehst du damit anders um?"

L.: Ja! Zum Beispiel, wenn näher mich jetzt beleidigt, ja nehmen wa mal als Arsch, dann sag ich eben, ähm angenehm, ich bin (Name des interviewten Kindes) (S. 49-50, Z. 31-34)

4.2.3. Einschätzung der Projektdurchführung

4.2.3.1. Erfüllte und enttäuschte Erwartungen

Inwieweit im Vorfeld Erwartungen an das Projekt gestellt wurden, lässt sich aus den von L. getroffenen Aussagen nicht erschließen. Allerdings kann man durch die positive Beantwortung der Frage nach einer erneuten Teilnahme an einem GFK- Projekt sowie der Aussage, dass L. während der Durchführung „nichts gefehlt" habe, schließen, dass keinerlei Erwartungen enttäuscht wurden

I.: (…) Hättest du denn Lust, noch einmal mitzumachen?
L.: (…) Eigentlich schon… Ja… (Kopfnicken) (S. 50, Z. 49-50)
I.: (…) Hat dir denn vielleicht irgendwas gefehlt?
L.: (…) Eigentlich nicht also war schon alles in Ordnung. Ja. Gefehlt hat mir gar nix. (S. 50, Z. 51-56)

4.2.3.2. Von der Leitung vorgelebte GFK-Haltung

Keine der von L. getätigten Aussagen lassen Schlussfolgerungen über die von der Leitung vorgelebte GFK-Haltung zu.

4.2.3.3. Veränderungsimpulse

Obgleich L. das Projekt als überwiegend positiv erlebt hat (vgl. Punk 3.1), spricht er den Wunsch nach einer durch mehr Leichtigkeit geprägten Durchführung aus.

I.: (…) was man beim nächsten Mal vielleicht besser machen könnte?
L.: Ähm… also mehr Spaß! Also das war eher ernster und nicht so sehr spaßig (S. 51, Z. 74-76)

4.2.4. Zusammenfassung

Das als „AG-gewaltfreie Kommunikation" titulierte Projekt bot L. nicht nur den Raum, in einer unbekannten Gruppenkonstellation über Gefühle sprechen zu können, sondern erwies sich auch als Lernort, an dem Strategien zur Konflikt- und Aggressionsbewältigung aufgezeigt wurden. Besonderen Stellenwert spricht L. der Möglichkeit zu, Befindlichkeiten erkennen und benennen zu können. Dass eines der in dieser Gruppe durch das Projekt angestrebten Ziele − dem Spüren von eigenen Gefühlen und Bedürfnissen sowie dem Umgang mit diesen − erreicht wurde, lässt sich durch getätigte Aussagen genauso erkennen, wie die Tatsache, dass L. in der AG erlernte

Handlungsstrategien zum Umgang mit ihm entgegengebrachter „gewaltvoller Kommunikation" in seinen Alltag integriert.

Das L. Schritt 1 (Beobachtung) und 2 (Gefühle) des GFK-Konzeptes anspricht und auch den GFK-Fachterminus der „Gefühlssonne" verwendet, die Schritte 3 (Bedürfnis) und 4 (Bitte) jedoch nicht thematisiert, liegt an der Tatsache, dass die Leitung aufgrund der herrschenden Bedingungen (innerhalb der Gruppe) beschlossen hatte, sich auf Schritt 1+2 zu fokussieren.

Dass sich in der von ihm freiwillig gewählten AG zusätzlich die Gelegenheit bot, sich künstlerisch (anhand von Bastelangeboten) betätigen zu dürfen, scheint für L. zusätzlich von immenser Bedeutung zu sein.

Auf die Frage nach möglichen Veränderungsimpulsen gibt L. an, dass er sich mehr Leichtigkeit bezüglich der Durchführung gewünscht hätte, wobei er gleichsam erkennen lässt, dass seiner Meinung nach nur eine ernsthafte Teilnahme am Projekt zu einer positiven Verhaltensveränderung führen kann.

L. würde einer Teilnahme an einem weiteren GFK-Projekt durchaus zustimmen.

Gefühle, die wir haben können, wenn unsere Bedürfnisse erfüllt sind ...

aufgeregt

angeregt   bewegt   dankbar

amüsiert   begeistert   fasziniert

berührt   erleichtert   glücklich

entspannt   gelassen

inspiriert

fröhlich

ruhig

fnungsvoll   gierig   überr

noch mehr Gefühle ...

4.3. Interview mit M., weiblich, 11 Jahre, Gymnasium

1 I.: Ui, bist du nervös?

2 M.: Ein bisschen.

3 I.: Ach, brauchste nicht sein.

4 M.: Okay...

5 I.: Du hast ja bei der AG Kommunikationsschatzsucher mitgemacht.

6 M.: Joa (lacht)

7 I.: Genau. Kannst du mir mal erzählen, was ihr da so gemacht habt?

8 M.: Also, da haben wir zum Beispiel...am ersten Tag, da haben wir so 'n Spiel
9   gemacht...ich weiß nicht an welchem Tag, oder nicht am ersten?... ist ja
10   auch egal...da haben wir so ein Spiel gemacht, da sollte zum Beispiel...da
11   waren wir zu viert in einer Gruppe, und da haben mir mhm 'ne 'n Streit
12   nachgespielt, (I.: Hmh) und da haben wir auch versucht, den zu lösen.... (I.:
13   Hmh) und dann haben wir auch noch irgendwann gemacht, da gab's solche
14   Kärtchen, da standen Beobachtungen drauf, Gefühle, Bedürfnisse und Bit-
15   ten, und da konnte man da immer so...die waren da nacheinander aufge-
16   reiht, und dann konnte man da immer so ein Kärtchen weitersch.... weiter-
17   gehen...wenn man zum Beispiel einen Streit hatte. Und da haben wir auch
18   einmal, da waren wir draußen, da haben wir einen Streit gelöst, da haben
19   sich zwei Jungen oder so gestritten und da haben wir das auch mit den
20   Kärtchen gemacht.

21 I.: Hmh. Und weißt du noch, was auf den Kärtchen draufstand?

22 M.: Da waren...ich weiß es nicht...ich glaub da waren Bedürfnisse drauf, die
23   man zum Beispiel hatte und ...mhm...ahh...einmal da haben wir auch noch
24   was anderes gemacht, das war so, da konnte man aufschreiben, was man so
25   ganz gerne hat.

26 I.: Hmh. Was man gerne hat?

27 M.: Zum Beispiel ein Haustier joa, und das dann so ordnen.

28 I.: Ordnen nach was?

29 M.: Nach dem Beliebtheitswert, sage ich jetzt mal.

30 I.: Ah, okay, und wie hat dir das gefallen, was ihr da gemacht habt?

31 M.: Mhm, das hat mir eigentlich ganz gut gefallen...weiß nicht...

32 I.: Also, was hat dir denn so besonders Spaß gemacht?

33	M.:	Äh, also das Vorspielen, einmal mit diesem Streit nachspielen und dann
34		auch lösen.
35	I.:	Kannst du mir mal erzählen, wie das war?
36	M.:	Okay, also da waren wir zu viert in einer Gruppe (I.: Hmh) und da haben
37		wir das so gemacht, da haben wir einen Streit nachgespielt. Irgendwie da
38		haben wir uns ganz doll gestritten, so ohne Hauen natürlich, und da haben
39		wir den dann auch gelöst. Versucht zu lösen. Das war sehr schwer.
40	I.:	Kannst du dich daran erinnern, was für einen Streit ihr da lösen wolltet?
41	M.:	Ich glaub da war...da war das so, dass irgendwie einer einem was wegge-
42		nommen hat oder so? Oder mit Sand abgeworfen hat, und dann haben wir
43		den gelöst, zum Beispiel mit Beobachtung und Gefühlen und ah ja, und wir
44		hatten auch noch solche Giraffen, da konnte man so die Hand reinstecken
45		(I.: Hmh), und dann konnte man damit so den Mund bewegen und die bei-
46		den Giraffen waren das Gute und wir hatten dann auch noch 'ne 'n Wolf,
47		der war das Schlechte, und das nennt man dann auch Giraffensprache, weil
48		die Giraffensprache hat 'ne 'n sehr großes Herz und die kann auch alles
49		überblicken.
50	I.:	Aha, okay, und beim Wolf? Weißt du das auch noch?
51	M.:	Ich glaub', weil der Wolf, der gilt ja auch als böse!
52	I.:	Hmh...und hast du denn dabei jetzt etwas gelernt? Oder etwas Neues erfah-
53		ren?
54	M.:	Mhm...joa, eigentlich schon, dass man da zum Beispiel auch das so regeln
55		kann und nicht sofort losschlagen sollte...und dass man dann auch, wenn
56		sich welche gestritten haben, das so gut regeln kann und dass dann auch
57		Friede-Freude-Eierkuchen ist. (lacht)
58	I.:	Das ist ja super. Und wenn es jetzt mal Streit gibt zum Beispiel in der
59		Klasse oder der Familie oder bei deinen Freunden, gehst du damit jetzt an-
60		ders um?
61	M.:	Mhm...am Anfang hab' ich da schon so 'n bisschen, zum Beispiel in der
62		Familie, da haben die sich einmal gestritten, da habe ich das versucht zu
63		lösen....aber alleine war das sooo schwer (I.: Hmh) und jetzt habe ich das
64		auch so 'n bisschen wieder vergessen.
65	I.:	Also, wenn es jetzt Streit gibt, machst du alles wie früher?

66	M.:	Mhm, da versuche ich schon, den zu lösen nur...in der Klasse, da macht das
67		auch meistens die Lehrerin (I.: Ah, okay) da überlege ich aber manchmal
68		auch, wie das geht...
69	I.:	Ah, du überlegst also, wie das damals in der AG gemacht habt....
70	M.:	Ja genau...ich glaube, das war einmal, da habe ich schon manchmal ver-
71		sucht, was anders zu machen, wenn ich mich mit jemandem gestritten ha-
72		be. (I.: Hmh) mhm, aber das ist dann ja auch schwer, dann ist man im
73		Stress, wenn man sich streitet.
74	I.:	Stimmt, das kann ich mir vorstellen.
75	M.:	Ja!
76	I.:	Mhm, findest du es denn gut, dass die Frau K. mit euch die AG gemacht
77		hat?
78	M.:	Mhm joa! Das finde ich sehr gut! Da gab es auch immer Süßigkeiten.
79	I.:	Ja?
80	M.:	Hmh ja.
81	I.:	Das musst du mir mal genauer erzählen.
82	M.:	Manchmal, und da gab's dann Süßigkeiten, und da hat sie einmal so 'ne
83		Schatztruhe mitgebracht, da dachte ich erst, was ist da denn drin?...und
84		dann waren da Süßigkeiten drinne, und dann konnten wir uns alle was
85		nehmen.... weil die hatte auch einmal Geburtstag. (I.: Aha.) Und die war
86		auch immer sehr nett.
87	I.:	Das ist schön. (M.: Hmh) Und hättest du denn Lust, das noch einmal mit-
88		zumachen?
89	M.:	Mhm...kommt drauf an, an welchem Tag...da weiß ich nicht so genau.
90		Wenn es an einem Tag ist, wo ich dann frei habe, und wenn auch Freun-
91		dinnen mitmachen....dann hätte ich schon Lust.
92	I.:	Prima...aber hat dir denn vielleicht auch irgendwas gefehlt?
93	M.:	Ich finde, wir hätten öfters vorspielen sollen.
94	I.:	Was hättest du gerne vorgespielt?
95	M.:	Ja, zum Beispiel so 'nen Streit nachspielen oder so was irgendwas halt am
96		Vorspielen.
97	I.:	Na, das ist ja schon mal eine tolle Idee. Hättest du sonst noch eine Idee,
98		was man vielleicht noch besser machen könnte?

99	M.:	Man sollte da mhm öfters halt mal was vorspielen und vielleicht dann auch
100		mal...mhm das ein bisschen spannender vielleicht machen. (I.: Hmh) Das
101		war manchmal so 'n bisschen langweilig.
102	I.:	Wann war das langweilig?
103	M.:	Zum Beispiel als wir so 'n...als sich zwei Jungen gestritten haben und wir
104		haben den geklärt. Da war es ein bisschen langweilig...oder so halt wenn
105		jemand anderes was macht, und man selber kann nur zuschauen. Also akti-
106		ver beteiligen!
107	I.:	Aha, gut! Und gab es auch etwas, was du ganz besonders toll fandest? Was
108		du ganz besonders gerne noch mal machen würdest?
109	M.:	Mhm, das Schauspielern...ich glaub das war nur einmal...das fand ich voll
110		gut, das war am Anfang.....da, wo wir den einen Streit nachgespielt haben.
111	I.:	Von dem du vorhin erzählt hast?
112	M.:	Hmh ja...
113	I.:	Das hat besonders Spaß gemacht. Und gibt es denn jetzt noch etwas, was
114		du über die AG sagen möchtest?
115	M.:	Das war halt im insgesamt sehr gut...nur an manchen Stellen war es ein
116		bisschen langweilig....
117	I.:	Das war es?
118	M.:	Joa.....ja
119	I.:	Okay, dann danke ich dir, das war super. Prima, dass du mitgemacht hast.

4.4. Auswertung (Katrin Lingemann)

4.4.1. Kognitives und emotionales Wissen darüber, wie GFK funktioniert

4.4.1.1. Wahrnehmen und Erleben des Projektes

Die Teilnahme an der als „Kommunikationsschatzsucher" benannten AG war für M. eine Möglichkeit, sich spielerisch (durch das Schlüpfen in eine Rolle beim Nachstellen von Streitszenen) mit dem Thema „Konflikte" zu beschäftigen und auseinanderzusetzen. Mit dem Hilfsmittel der in der AG erlernten GFK-Inhalte wurden M. bislang unbekannte Lösungs- und Handlungsstrategien aufgezeigt, darauf zu reagieren.

> M.: (…) da haben mir mhm 'ne 'n Streit nachgespielt … und da haben wir auch versucht, den zu lösen (S. 59, Z. 11-12)
>
> M.: (…) da gab's solche Kärtchen, da standen Beobachtungen drauf, Gefühle, Bedürfnisse und Bitten, und da konnte man da immer so... die waren da nacheinander aufgereiht, und dann konnte man da immer so ein Kärtchen (…) weitergehen...wenn man zum Beispiel einen Streit hatte. (S. 59, Z. 13-17)
>
> M.: (…) da haben wir einen Streit nachgespielt. Irgendwie da haben wir uns ganz doll gestritten, so ohne Hauen natürlich, und da haben wir den dann auch gelöst. Versucht zu lösen. (S. 60, Z. 37-39)
>
> M.: (…) dann haben wir den gelöst, zum Beispiel mit Beobachtung und Gefühle (…) (S. 60, Z. 42-43)

Die AG als Plattform nutzen zu können, sich im darstellenden Spiel Streitsituationen zuwenden und diese lösen zu können, schreibt M. eine auffallend große Bedeutung zu.

Dabei lässt die Nennung der vier zentralen Schritte (Beobachtung, Gefühle, Bedürfnisse, Bitte) darauf schließen, dass ein kognitives Wissen darüber, wie GFK funktioniert, vorhanden ist.

> M.: (…) da haben mir mhm 'ne 'n Streit nachgespielt. (…) und da haben wir auch versucht, den zu lösen... (S. 59, Z. 11-12)
>
> M.: (…) da haben wir einen Streit nachgespielt. Irgendwie da haben wir uns ganz doll gestritten, so ohne Hauen natürlich, und da haben wir den dann auch gelöst. Versucht zu lösen. (S. 60, Z. 37-39)
>
> M.: Äh, also das Vorspielen, einmal mit diesem Streit nachspielen und dann auch lösen. (S. 60, Z. 33-34)
>
> M.: (…) da gab's solche Kärtchen, da standen Beobachtungen drauf, Gefühle, Bedürfnisse und Bitten, und da konnte man da immer so...die waren da nacheinander aufgereiht, und dann konnte man da immer so ein Kärtchen (…) weitergehen...wenn man zum Beispiel einen Streit hatte. (S. 59, Z. 13-17)

4.4.1.2. Bewertung des Arbeitsprozesses

Die Teilnahme an der AG und die damit verbundene Möglichkeit, neue Handlungsmöglichkeiten für die Lösung von Konfliktsituationen zu erlernen, hat M. als positiv empfunden.

I.: (…) findest du es denn gut, dass die Frau K. mit euch die AG gemacht hat?
M.: (…) Mhm joa! Das finde ich sehr gut. (S. 61, Z. 76-78)
I.: (…) hast du denn dabei jetzt etwas gelernt?
M.: (…) eigentlich schon, dass man da zum Beispiel auch das so regeln kann und nicht sofort losschlagen sollte...und das man dann auch, wenn sich welche gestritten haben, das so gut regeln kann und das dann auch Friede-Freude-Eierkuchen ist. (S. 60, Z. 52-57)
I.: (…) Also, was hat dir denn so besonders Spaß gemacht?
M.: Äh, also das Vorspielen, einmal mit diesem Streit nachspielen und dann auch lösen. (S. 59-60, Z. 32-34)

4.4.1.3. Kennen der Bedeutung der GFK-Begriffe

M. nennt nicht nur die vier zentralen Schritte der GFK, sondern thematisiert auch die beiden als Stilmittel eingesetzten Handpuppen in Gestalt der Giraffe und des Wolfes. Dabei zieht sie eine Verbindung zwischen der Giraffe und der Giraffensprache, die von der AG-Leitung als Metapher für die gewaltfreie Kommunikation verwendet wird. Sie sieht den Wolf als Gegenspieler der Giraffe als Denk- und Sprachmuster, welches dem der GFK angestrebten Kommunikation entgegensteht, an.

M.: (…) wir hatten auch noch solche Giraffen, da konnte man so die Hand reinstecken *(…)* und die beiden Giraffen waren das Gute und wir hatten dann auch noch 'ne 'n Wolf, der war das Schlechte. (S. 60, Z. 43-47)
M.: (…) das nennt man dann auch Giraffensprache, weil die Giraffensprache hat 'ne 'n sehr großes Herz und die kann auch alles überblicken. (S. 60, Z. 47-49)
M.: (…) weil der Wolf, der gilt ja auch als böse. (S. 60, Z. 51)

4.4.1.4. Bewusstsein für die vier zentralen Schritte von GFK

M. nennt die GFK-Begriffe Beobachtung, Gefühle, Bedürfnisse und Bitte im Zusammenhang mit einer Übung, die „GFK-Tanzparkett" genannt wird.
Dabei werden laminierte Karten, die jede einen der Schritte des GFK-Prozesses repräsentieren, auf den Boden gelegt. Während der Übung geht man anhand von (erfundenen) Beispielsituationen von Karte zu Karte und durchläuft somit bewusst die einzelnen Schritte.

M.: (…) da gab's solche Kärtchen, da standen Beobachtungen drauf, Gefühle, Bedürfnisse und Bitten, und da konnte man da immer so…die waren da nacheinander aufgereiht, und dann konnte man da immer so ein Kärtchen (…) weitergehen…wenn man zum Beispiel einen Streit hatte. (S. 59, Z. 13-17)

Diese Übung stellt für M. eine Möglichkeit dar, sich mit Konfliktsituationen auseinanderzusetzen und diese zu lösen. Sie beschreibt explizit eine Situation, in welcher es gelungen ist, einen Streit zweier Mitschüler gemeinschaftlich zu lösen, was zu der Annahme führt, dass es ihr mit Hilfe der erlernten GFK-Methoden gelingt, sich empathisch in andere hineinzuversetzen.

M.: Und da haben wir auch einmal, da waren wir draußen, da haben wir einen Streit gelöst, da haben sich zwei Jungen oder so gestritten und da haben wir das auch mit den Kärtchen gemacht. (S. 59, Z. 17-20)
M.: (…) als sich zwei Jungen gestritten haben und wir haben den geklärt. (S. 62, Z. 103-104)
I.: Kannst du dich daran erinnern, was für einen Streit ihr da lösen wolltet?
M.: (…) da war das so, dass irgendwie einer einem was weggenommen hat oder so? Oder mit Sand abgeworfen hat, und dann haben wir den gelöst, zum Beispiel mit Beobachtung und Gefühlen (…) (S. 60, Z. 40-43)

Bedürfnisse erkennen und benennen zu können, ist für M. nicht nur Teil einer Strategie, um Konfliktsituationen zu begegnen, sondern auch die Möglichkeit, individuelle Gefühle und Wünsche zu verbalisieren, und sich ihrer Bedeutsamkeit bewusst zu werden.

M.: Da waren (…) Bedürfnisse drauf, die man zum Beispiel hatte, und (…) einmal da haben wir auch noch was anderes gemacht, das war so, da konnte man aufschreiben, was man so ganz gerne hat (…) zum Beispiel ein Haustier ja und das dann so ordnen. (S. 59, Z. 22-27)
I.: (…) Ordnen nach was?
M.: (…) nach Beliebtheitswert, sage ich jetzt mal (S. 59, Z. 28-29)

4.4.2. Nachhaltigkeit: Gibt es Hinweise auf eine nachhaltige Übertragung der GFK in Alltagssituationen?

4.4.2.1. Vorher-/Nachheraussagen zum Projekt

Aussagen, die sich mit Vorüberlegungen hinsichtlich der Arbeitsgemeinschaft beschäftigen, wurden von M. nicht getroffen.

Dagegen werden Situationen, die das Verhalten von M. nach Abschluss des Projektes aufzeigen, thematisiert. So wird deutlich aufgezeigt, dass M. sich bemüht, Gelerntes in ihren Alltag zu integrieren, und dass sie versucht, mit den Hilfsmitteln der GFK Konfliktsituationen zu regulieren.

I.: (…) hast du denn dabei jetzt etwas gelernt?

M.: (…) eigentlich schon, dass man da zum Beispiel auch das so regeln kann und nicht sofort losschlagen sollte...und dass man dann auch, wenn sich welche gestritten haben, das so gut regeln kann und dass dann auch Friede-Freude-Eierkuchen ist. (lacht) (S. 60, 52-57)

I.: (…) wenn es jetzt mal Streit gibt, zum Beispiel in der Klasse oder der Familie oder bei deinen Freunden, gehst du damit jetzt anders um?

M.: (…) am Anfang hab ich da schon so 'n bisschen, zum Beispiel in der Familie, da haben die sich einmal gestritten, da habe ich das versucht zu lösen (…) (S. 60, Z. 58-63)

M.: (…) ich glaube, das war einmal, da habe ich schon manchmal versucht, was anders zu machen, wenn ich mich mit jemandem gestritten habe. (S. 61, Z. 70-72)

Trotz aller Bemühungen erkennt M. schnell, welche Schwierigkeiten dieses Unterfangen mit sich bringt, und führt dies unter anderem auf die Unfähigkeit, die AG-Inhalte autonom umsetzen zu können, zurück.

M.: (…) am Anfang hab ich da schon so 'n bisschen, zum Beispiel in der Familie, da haben die sich einmal gestritten, da habe ich das versucht zu lösen... aber alleine war das sooo schwer (S. 60, Z. 61-63)

4.4.2.2. Aussagen zur Empathiefähigkeit und zum Umgang mit Konflikten

Versteht man GFK als eine Art Fremdsprache, die man ausschließlich durch permanentes (Weiter-)Lernen und Üben schließlich beherrschen kann, so ist es nicht verwunderlich, dass bei M. eine gewisse Zeit nach Beendigung des Projektes Unsicherheit bzw. das Gefühl, Inhalte vergessen zu haben, auftritt. Dies hat zur Folge, dass das Lösen von Konfliktsituationen von M. wieder in fremde Hände gelegt wird.

M.: (…) da habe ich das versucht zu lösen... aber alleine war das sooo schwer (S. 60, Z. 62-63)

M.: (…) und jetzt habe ich das auch so 'n bisschen wieder vergessen. (S. 60, Z. 63-64)

M.: (…) da versuche ich schon, den zu lösen nur...in der Klasse, da macht das auch meistens die Lehrerin (S. 61, Z. 66-67)

M.: (…) aber das ist dann ja auch schwer, dann ist man im Stress, wenn man sich streitet. (S. 61, Z. 72-73)

4.4.2.3. Aussagen zur persönlichen Weiterentwicklung

M. scheint sehr darum bemüht zu sein, in ihrem Umfeld ein möglichst großes Maß an Harmonie zu schaffen und aufrecht zu erhalten. Aufkeimende Konflikte versucht M.

zu lösen, indem die erlernten GFK-Methoden zur Anwendung gebracht werden. Auch wenn sie dabei situationsbedingt an ihre Grenzen gerät, versucht M. durch das Hervorrufen verinnerlichten Wissens eine Lösung zu finden.

I.: (...) hast du denn dabei jetzt etwas gelernt?

M.: (...) eigentlich schon, dass man da zum Beispiel auch das so regeln kann und nicht sofort losschlagen sollte...und dass man dann auch, wenn sich welche gestritten haben, das so gut regeln kann und dass dann auch Friede-Freude-Eierkuchen ist. (lacht) (S. 60, Z. 52-57)

M.: (...) am Anfang hab ich da schon so 'n bisschen, zum Beispiel in der Familie, da haben die sich einmal gestritten, da habe ich das versucht zu lösen... aber alleine war das sooo schwer (S. 60, Z. 61-63)

M.: (...) ich glaube, das war einmal, da habe ich schon manchmal versucht, was anders zu machen, wenn ich mich mit jemandem gestritten habe. (S. 61, Z. 70-72)

M.: (...) da überlege ich manchmal auch wie das geht (S. 61, Z. 67-68)

I.: Ah, du überlegst also, wie das damals in der AG gemacht habt....

M.: Ja genau (...) (S. 61, Z. 69-70)

4.4.2.4. Bewusstsein für die Sinnhaftigkeit der GFK-Kommunikation im Alltag

Wie bereits durch die oben aufgeführten Interviewpassagen deutlich wird, hat M. ein Bewusstsein für die sinnvolle Verwendung von Gewaltfreier Kommunikation im Alltag. Sie hat erkannt, dass eine durch die Stilmittel der GFK getragene Gesprächsführung weniger Konfliktpotenzial mit sich bringt und zu einem harmonischeren, gegenseitigen Umgang führen kann.

4.4.3. Einschätzung der Projektdurchführung

4.4.3.1. Erfüllte und enttäuschte Erwartungen

Inwieweit im Vorfeld Erwartungen an das Projekt gestellt wurden, lässt sich aus den von M. getroffenen Aussagen nicht erschließen, weshalb keine Rückschlüsse über die Erfüllung oder Enttäuschung von Erwartungen getroffen werden können.

Die bejahende Antwort der Frage nach einer erneuten Teilnahme an einem GFK-Projekt lässt vermuten, dass die Erfahrung, einer derartigen AG beigewohnt zu haben, als positiv beurteilt wird.

Dennoch werden von M. einige Rahmenbedingungen an eine weitere Teilnahme geknüpft, welche aber nicht die inhaltliche Projektgestaltung betreffen.

I.: (...) hättest du denn Lust, das noch einmal mitzumachen?

M.: Mhm...kommt drauf an, an welchem Tag...da weiß ich nicht so genau. Wenn es an einem Tag ist, wo ich dann frei habe, und wenn auch Freundinnen mitmachen...dann hätte ich schon Lust. (S. 61, Z. 87-91)

4.4.3.2. Von der Leitung vorgelebte GFK-Haltung

Keine der von M. getätigten Aussagen lassen Schlussfolgerungen über die von der Leitung vorgelebte GFK-Haltung zu.

Einzig eine Aussage von M., welche die AG-Leiterin als „nett" beschreibt, lässt darauf schließen, dass sich diese stets bemüht hat, eine positive Atmosphäre zu schaffen.

M.: (...) und die war auch immer sehr nett. (S. 61, Z. 85-86)

4.4.3.3. Veränderungsimpulse

Wie bereits beschrieben, nimmt für M. die Möglichkeit, sich selbst durch das Nachspielen von fiktiven Zwiegesprächen darstellen zu können, einen hohen Stellenwert ein.

M.: (...) da haben wir einen Streit nachgespielt. (S. 60, Z. 37)
M.: (...) also das Vorspielen, einmal mit diesem Streit nachspielen. (S. 60, Z. 33)
M.: Ich finde, wir hätten öfters vorspielen sollen.
I.: Was hättest du gerne vorgespielt?
M.: Ja, zum Beispiel so 'nen Streit nachspielen oder so was irgendwas halt am Vorspielen. (S. 61, Z. 93-96)

Auch ihre Vorschläge zur möglichen Verbesserung der Arbeitsabläufe und/oder Inhalte zielen darauf, verstärkt die Gelegenheit geboten zu bekommen, sich auf oben genannte Art und Weise auszudrücken. Dabei geht es M. vorwiegend darum, sich selbst darstellen zu können. Fällt die Möglichkeit der aktiven, schöpferischen Teilnahme weg, indem M. eine eher passive Rolle zugesprochen wird, wird dieses als „langweilig" empfunden.

I.: Hättest du sonst noch eine Idee, was man vielleicht noch besser machen könnte?
M.: Man sollte da mhm öfters halt mal was vorspielen und vielleicht dann auch mal (...) das ein bisschen spannender vielleicht machen. (S. 61-62, Z. 97-100)
M.: Da war es ein bisschen langweilig. (S. 62, Z. 104)
M.: (...) als sich zwei Jungen gestritten haben und wir haben den geklärt. Da war es ein bisschen langweilig...oder so halt wenn jemand anderes was macht, und man selber kann nur zuschauen. Also aktiver beteiligen! (S. 62, Z. 103-106)

M. erlebt die Teilnahme demnach nur als kurzweilig, wenn sie selbst durch Handlungen aktiv am Prozess beteiligt ist. In der Rolle des ausschließlich Beobachtenden fühlt M. sich einer Passivität ausgesetzt, welche schnell zu Desinteresse führen kann.

4.4.4. Zusammenfassung

Die auf Freiwilligkeit basierende Teilnahme an der AG „Kommunikationsschatzsucher" eröffnete M. die Möglichkeit, sich mit dem Hilfsmittel des darstellenden Spiels Streitsituationen zuwenden zu können, sowie Handlungsstrategien aufgezeigt zu bekommen, um diese zu lösen.

Die von M. gewählte Fokussierung auf „Streit" bzw. Konflikte lässt darauf schließen, dass der Umgang mit dieser Thematik einen besonders hohen Stellenwert eingenommen hat. Der Wunsch nach Anleitung hinsichtlich neuer Anregungen, welche es ermöglichen, Konfliktsituationen anders entgegentreten zu können, wird an vielen Stellen deutlich. M. ist sehr darum bemüht, durch die Anwendung der neu erlernten GFK-Methoden für eine möglichst große Harmonie im Umfeld zu sorgen.

Aufgrund fehlender Sicherheit, die erlernten Handlungsmöglichkeiten autonom einsetzen zu können, übt sich M. jedoch nun wieder in Zurückhaltung und äußert Zweifel daran, die Methoden der GFK während einer akuten Streitsituation ohne Anleitung anwenden zu können. Dennoch ist M. darum bemüht, Rückschau auf die in der AG erlernten Techniken zu halten und diese in ihren Alltag zu integrieren.

Auffallend sind die Fokussierung auf Konfliktsituationen und der immer wieder aufkommende Wunsch, sich selbst im darstellenden Spiel mit dieser Thematik auseinanderzusetzen. Dabei ist es M. sehr wichtig, aktiv beteiligt zu sein und sich selbst ausdrücken zu können. Bei Situationen, in welchen es darum geht, fiktive Zwiegespräche dritter zu schlichten, versucht M. zwar empathisch den Regeln der GFK entsprechend herauszufinden, was diese Personen fühlen und brauchen, verliert aber dennoch schneller das Interesse.

Die Nennung der vier zentralen Schritte der GFK lässt darauf schließen, dass M. sich ein kognitives Wissen darüber, wie GFK funktioniert, angeeignet hat. Auch hat sie die Symbolik der Giraffe bzw. deren Sprache, welche als Metapher für gewaltlose Kommunikation eingesetzt wurde, angenommen, und den Unterschied zwischen gewaltloser und einem diesen Muster entgegengesetzten Sprachschema – sprich gewaltvoller Kommunikation – verinnerlicht.

Insgesamt hat M. die Teilnahme als positiv empfunden und würde einer erneuten Teilnahme bei passenden Rahmenbedingungen zustimmen.

was uns wichtig ist und welche Bedürfnisse dadurch erfüllt werden ...

5. Der Weg

5.1. Interview mit A., weiblich, 12 Jahre, Gymnasium

1   I.:   Okay, du hast ja bei der AG Gewaltfreie Kommunikation teilgenommen.
2   Erzähl doch mal einfach, was ihr alles gemacht habt.

3   A.:   Also wir waren häufig draußen, weil auch mal schönes Wetter war, und da
4   haben wir dann halt so aufgeschrieben, wer uns viel bedeutet und so, und
5   da hatten manche halt ihre Familie und Ur-Oma und so was genommen,
6   und das, dann haben wir noch andere Karten dazu bekommen, da waren so
7   einzelne Themen drauf, und dann mussten wir das den zuordnen den Sa-
8   chen, und dann wurden davon halt auch Fotos gemacht und hm

9   I.:   Auf den Karten waren Themen drauf. Was für Themen? Weißt du das
10   noch?

11   A.:   Das weiß ich glaube ich nicht mehr so genau, also da halt so, keine Ah-
12   nung, wo man sich, bei wem sich besonders geborgen fühlt und so (I.:
13   Mhm) und dann waren wir auch manchmal halt drinnen, und dann haben
14   wir Schauspiel gemacht, und das war halt auch ganz lustig und joa, also so
15   viel war das eigentlich gar nicht. Dann haben wir solche, also dann hat un-
16   sere Klassenlehrerin so Schatzkarten gemacht (I.: Mhm), und die haben wir
17   uns halt angeguckt, und dann haben wir so halt auch noch so 'nen bisschen
18   mit solchen Handpuppen da gespielt, das waren die Giraffe und der Wolf
19   (I.: Mhm), und damit hat mhm, die Frau, die das gemacht hat, hat dann
20   auch damit rumgespielt, weil wenn du jetzt sauer auf dich bist, dann spricht
21   halt der Wolf zu dir (I.: Mhm), und wenn du meinst, du hast jetzt in 'ner
22   Arbeit was ganz gut gemacht, dann ist das halt die Giraffe, die da spricht
23   und jo.

24   I.:   Achso, mhm, du hast gerade irgendwie Schatzkarten auch noch erwähnt.

25   A.:   Ja, unsere Lehrerin hat Schatzkarten gemacht, und die Frau, die das ge-
26   macht hat, hat auch gesagt, dass man die ausstellen sollte, weil die wirklich
27   ganz gut aussahen, und da drauf stand dann halt auch, das war wirklich so
28   'ne Schatzkarte, irgendwo kommt dann der Kommunikationsschatz da (I.:
29   Mhm), und dann muss man halt erst so 'nen Weg dahin gehen und davor
30   kommen dann halt auch so drei Themen glaube ich.

31   I.:   Okay. Woah soviel. Fällt dir noch was ein?

32	A.:
33	

32 A.: Äh, also wir haben auf jeden Fall noch mehr gemacht, also das fällt mir
33 jetzt nicht wirklich so ein, aber vielleicht den anderen.

34 I : Mhm. Wie hat dir das denn gefallen, was ihr gemacht habt?

35 A.: Also, es war ziemlich interessant und (Pause) es war auch ganz schön, das
36 mal zu hören, und andere mussten auch halt, also ach, einmal, dann waren
37 wir auch noch so in Gruppen, zwei Gruppen, Mädchen und so, und da hat,
38 wurden ein Streit gesagt, und den mussten wir dann aufklären, und dann
39 immer wieder alles aufschreiben und so, jetzt meinetwegen auf 'nen roten
40 Zettel, und mhm, die rote Farbe stand für, was weiß ich, Gefühle und so,
41 und dann natürlich auch noch so das, also mein Bedürfnis, Bedürfnisse,
42 mein Bedürfnis ist jetzt meinetwegen etwas zu trinken, und durch so einen
43 Weg haben wir das dann halt gelöst, und wir haben dann auch noch alles
44 aufgeschrieben und so, und dann haben wir dann auch noch so 'ne kleine
45 laminierte Karte bekommen, (I.: Aha) wo dieser Weg nochmal draufstand,
46 damit wir das auch nicht vergessen.

47 I.: Und wie fandest du das?

48 A.: Ja, es war halt ganz schön, das alles mal zu wissen, und wenn man sich zu
49 Hause streitet, und dann kann man das ja auch mal so lösen, wie wir das da
50 gemacht haben, und es war halt sehr interessant und schön.

51 I.: Okay. Mhm, hat dir denn auch etwas besonders Spaß gemacht?

52 A.: (Pause) Ja, also wir mussten ja immer erst warten, bis es soweit war, und in
53 der Zeit haben wir dann immer Pizza bestellt und gegessen (I.: Achso), ja,
54 das war sehr lustig und schön, und mhm, ja, an dem Thema direkt, da war
55 das halt dieses Schauspielern so gut, da mussten wir halt nämlich zwei
56 streiten sich und dann kommt einer dazu, und der muss das dann irgendwie
57 versuchen aufzuklären (I.: Mhm), das war halt auch ganz lustig (lacht).

58 I.: Okay. Habt ihr die Pizza alleine bestellt, oder hat die jemand mhm

59 A.: Nein, unsere Klassenlehrerin hat uns 'ne Liste gegeben und dann noch so
60 'ne Liste, wo man bestellen konnte, und da haben wir dann immer den Na-
61 men und die Nummer der Pizza eingegeben.

62 I.: Ach so, das klingt ja super. Mhm. Hast du denn auch bei der AG etwas ge-
63 lernt?

64 A.: (Pause) Äh, also (lacht) äh, das man, also ich weiß jetzt wie dieser Weg
65 geht und so und dass man auch halt manche Bedürfnisse einfach erfüllen
66 muss, und joa, also dass es halt auch einen Wolf und eine Giraffe gibt, die

67		manchmal zu einem sprechen, und ja, ich habe auch glaube ich besser ge-
68		lernt, wie man Streite schlichtet.
69	I.:	Mhm du hast gerade gesagt, du weißt, wie der Wolf und die Giraffe auch
70		sprechen. Wie sprechen die denn, weißt du das?
71	A.:	Der Wolf ist eher so böse, ist ja halt 'nen Wolf, und der dann immer so Ah
72		du hast das falsch gemacht, du wirst es nie wieder in Ordnung bringen oder
73		so, das ist sozusagen der Teufel, und die Giraffe der Engel (I.: Mhm. Ach
74		so), ja und die Giraffe sagt dann immer so, die sagt dann nur Positives und
75		der Wolf nur Negatives und halt auch so, das hast du ja super gemacht,
76		jetzt versuch doch mal so und so zu sein, ja, und so sei tapfer, und der Wolf
77		dann wieder lass dir das doch nicht gefallen, schlag zurück oder sowas.
78	I.:	Ach so. Ja, das klingt ja toll. Mhm, du hast auch grad gesagt, du wüsstest,
79		wie der Weg funktioniert. Welcher Weg? (Pause) Du hast doch gerade was
80		man mit Weg gesagt. Was ist das für ein Weg?
81	A.:	Also, ich weiß das nicht mehr so genau, aber ein bisschen schon, also du
82		kommst immer mehr, wenn du jetzt streitest, kommst du immer mehr an
83		die Versöhnung ran, also du kommst immer wieder auf einzelne Themen,
84		der eine sagt, wie er es empfunden hat, ja, also du hast mich damit sehr ge-
85		kränkt oder sowas und das fand ich nicht sehr nett, und dann entschuldigt
86		man sich halt auch wieder so ein bisschen dabei, und dann geht's zum
87		nächsten Problem und halt so kommt man wieder der Versöhnung näher,
88		dem Ziel.
89	I.:	Mhm. Wenn es jetzt mal Streit gibt in deiner Klasse oder in der Familie
90		oder bei Freunden. Gehst du damit jetzt anders um?
91	A.:	Also mit meinen Schwestern bestimmt nicht (lacht), mhm, aber bei meiner,
92		also früher, also, keine Ahnung, kurze Zeit danach, dann hab ich das auch
93		mal versucht mit dieser Karte, da hatte ich Streit mit meiner Mutter, da hab
94		ich das mit der Karte versucht wieder zu lösen, und das ging dann eigent-
95		lich auch mehr oder weniger, ja also.
96	I.:	Was war das für 'ne Karte?
97	A.:	Das war diese Karte, wo drauf stand, wie diese ganzen Wege nochmal ge-
98		hen, (I.: Achso) die Bedürfnisse, Gefühle, die man dafür empfindet, und
99		dann vom anderen auch, also eine andere hat diese Karte gleich auch
100		nochmal dabei.
101	I.:	Und die habt ihr nach Hause auch nochmal bekommen?

74

102	A.:	Ja, jeder hat eine bekommen sozusagen, auf der einen Seite steht, dass du
103		daran teilgenommen hast, und auf der anderen Seite ist dann der Weg, und
104		wir haben dann alle noch so 'ne kleine Giraffe bekommen, so 'ne Stoffgi-
105		raffe.
106	I.:	Schön. Okay. Frau K. heißt die Frau, die das mit euch gemacht (A.: Ja,
107		stimmt), genau das wollte ich vorhin noch sagen, weil das kommt in der
108		nächsten Frage jetzt vor. Findest du das gut, dass Frau K. das Projekt mit
109		euch gemacht hat?
110	A.:	Ja, also meine Mutter hat schon gesagt, als wir diesen Zettel mit nach Hau-
111		se gebracht haben, so etwas kann man nie oft genug machen, weil das im-
112		mer einem hilft, und mhm, mit Frau K. war das halt ganz lustig, sie war
113		immer ganz locker dabei und mhm, joa (Pause)
114	I.:	Also, du fandest es gut?
115	A.:	Ja, ich fand's gut.
116	I.:	Mhm, hättest du Lust, es nochmal zu machen?
117	A.:	Ja, also das habe ich vorhin auch schon gesagt, da war das halt so, alle fan-
118		den es sehr gut, wirklich um mhm O. hat dann vorgeschlagen, ob es nicht
119		mal so 'ne zweite Runde gibt, ob es noch einen Teil zwei dazu geben wür-
120		de, aber ich glaube, Frau K. hat sich darüber auch ein paar Gedanken
121		macht, also hoffe ich zumindest, mhm, und ja und mhm, ich würde sagen,
122		da nehmen dann viele auch wieder mit dran teil.
123	I.:	Mhm, hat dir denn auch was gefehlt?
124	A.:	Eigentlich nicht. Also bei, es war ein bisschen langweilig, als da zwei
125		Mädchen den Streit geschlichtet haben zwischen sich, das mussten ein paar
126		Mädchen das halt mit aufschreiben und, mhm, das war dann halt für die
127		anderen langweilig, und das war dann ja auch heiß, das war dann, also das
128		war nicht so toll.
129	I.:	Langweilig, weil ihr dann nichts zu tun hattet oder
130	A.:	Ja, genau. Wir saßen förmlich nur rum und haben dann ein bisschen zuge-
131		guckt, haben andere Sachen so gemacht, schon mal geplant, was man am
132		Nachmittag so macht und so. Joa, das war nicht so toll, aber es ist auch
133		nicht so schlimm, wenn es nur eine Sache ist.
134	I.:	Okay. Hast du denn vielleicht Ideen, was man noch besser machen könnte?

135	A.:	(Pause) Nein, eigentlich nicht, also es war alles ziemlich toll, nur beim
136		Streit hätte man andere vielleicht noch ein bisschen mit einbeziehen kön-
137		nen, also damit nicht jeder sich so langweilt.
138	I.:	Also, dass alle zum Beispiel mal was sagen.
139	A.:	Ja, dass alle was dazu beitragen können, und dass auch alle was zu tun ha-
140		ben, ja. Das wär vielleicht 'nen Tipp.
141	I.:	Mhm. Okay. Die letzte Frage. Was würdest du denn ganz besonders gerne
142		nochmal machen von der AG? Wenn du zum Beispiel jetzt eine Sache aus-
143		suchen dürftest, was würdest du davon am liebsten nochmal machen?
144	A.:	Also, ich würde vielleicht mal so 'nen Schauspiel machen, dann kriegt man
145		auch alles wieder so im Kopf wieder, und ich möchte, oder würde auch
146		gerne wieder so 'nen Weg machen, wo man halt so die Wege geht, und
147		mhm ja, ich würde dann halt auch mal selber so einen Streit machen, wo
148		ich dann auch in dem Streit drin bin mit einer anderen Person. Das möchte
149		ich vielleicht auch mal machen.
150	I.:	Okay. Noch irgendwas?
151	A.:	Mhm, nein.
152	I.:	Okay, dann war's das schon. Dankeschön.

76

5.2. Auswertung (Thorsten Muer)

5.2.1. Kognitives und emotionales Wissen darüber, wie GFK funktioniert

5.2.1.1. Wahrnehmen und Erleben des Projekts

Das Mädchen nahm das Projekt als problem- und konfliktlösungsorientiert wahr. Begrifflichkeiten wie „lösen", „aufklären" und „schlichten" werden häufig von ihr verwendet.

A.: (…) wurden ein Streit gesagt, und den mussten wir dann aufklären (…) (S. 74, Z. 38)
A.: (…) wir das dann halt gelöst (…) (S. 74, Z. 43)
A.: (…) dann kann man das ja auch mal so lösen (…) (S. 74, Z. 49)
A.: (…) versuchen aufzuklären (…) (S. 74, Z. 57)
A.: (…) wie man Streite schlichtet (…) (S. 75, Z. 68)
A.: (…) das mit der Karte versucht wieder zu lösen (…) (S. 75, Z. 94)

Ebenso spricht das Mädchen häufig von Methoden (sie betitelt diese als „Weg"), wie man Probleme kläre und so dem Ziel (für sie die Versöhnung) näher komme.

A.: (…) und dann muss man halt erst so 'nen Weg dahin gehen (…) (S. 73, Z. 29)
A.: (…) und durch so einen Weg haben wir das dann halt gelöst (S. 74, Z. 42-43)
A.: Also, ich weiß das nicht mehr so genau, aber ein bisschen schon, also du kommst immer mehr, wenn du jetzt streitest, kommst du immer mehr an die Versöhnung ran, also du kommst immer wieder auf einzelne Themen, der eine sagt, wie er es empfunden hat, ja, also du hast mich damit sehr gekränkt oder sowas und das fand ich nicht sehr nett, und dann entschuldigt man sich halt auch wieder so ein bisschen dabei, und dann geht's zum nächsten Problem und halt so kommt man wieder der Versöhnung näher, dem Ziel. (S. 75, Z. 81-88)

Die Sprache der GFK ist für sie wichtig, da sie diese häufig anspricht. Sie beschreibt sie mit den Beispielen der Giraffe und des Wolfes, allerdings als zwei innere Stimmen (gut/böse).

A.: Der Wolf ist eher so böse, ist ja halt 'nen Wolf, und der dann immer so Ah du hast das falsch gemacht, du wirst es nie wieder in Ordnung bringen oder so, das ist sozusagen der Teufel, und die Giraffe der Engel (…), ja und die Giraffe sagt dann immer so, die sagt dann nur Positives und der Wolf nur Negatives und halt auch so, das hast du ja super gemacht, jetzt versuch doch mal so und so zu sein, ja, und so sei tapfer, und der Wolf dann wieder lass dir das doch nicht gefallen, schlag zurück oder sowas. (S. 75, Z. 71-77)

5.2.1.2. Bewertung des Arbeitsprozesses

Sie erlebt die AG als interessant, schön und lustig.

> I :   Mhm. Wie hat dir das denn gefallen, was ihr gemacht habt?
>
> A.:   Also, es war ziemlich interessant und (Pause) es war auch ganz schön (S. 74, Z. 34-35)
>
> A.:   (...) Ja es war halt ganz schön, das alles mal zu wissen (...) (S. 74, Z. 48)
>
> A.:   (...) und es war halt sehr interessant und schön (...) (S. 74, Z. 50)
>
> A.:   (...) ja das war sehr lustig und schön (...) (S. 74, Z. 53-54)
>
> A.:   (...) das war halt auch ganz lustig (...) (S. 74, Z. 57)

Ein hoher Stellenwert hatte für sie die Versorgung, die allerdings mit dem Projekt nichts zu tun hatte, da es sich hier um eine Pizza, die vor der Übung bestellt und gegessen wurde, handelte. Das Essen nannte das Mädchen als ersten Punkt auf die Frage, was ihr besonderen Spaß gemacht habe.

> I.:   Okay. Mhm, hat dir denn auch etwas besonders Spaß gemacht?
>
> A.:   (Pause) Ja, also wir mussten ja immer erst warten, bis es soweit war, und in der Zeit haben wir dann immer Pizza bestellt und gegessen (S. 74, Z. 51-53)

An der AG mochte die Schülerin das interaktive Theater besonders gern.

> A.:   (...) mhm, ja, an dem Thema direkt, da war das halt dieses Schauspielern so gut, da mussten wir halt nämlich zwei streiten sich und dann kommt einer dazu, und der muss das dann irgendwie versuchen aufzuklären (...), das war halt auch ganz lustig. (S. 74, Z. 54-57)

Aktive Teilnahme ist ihr wichtig, denn der einzige negative Aspekt des Projekts, den sie nennt, ist, dass sie nicht immer am Geschehen direkt teilnehmen konnte und sich gelangweilt hat.

> A.:   Eigentlich nicht. Also bei, es war ein bisschen langweilig, als da zwei Mädchen den Streit geschlichtet haben zwischen sich, das mussten ein paar Mädchen das halt mit aufschreiben und, mhm, das war dann halt für die anderen langweilig, und das war dann ja auch heiß, das war dann, also das war nicht so toll.
>
> I.:   Langweilig, weil ihr dann nichts zu tun hattet oder
>
> A.:   Ja, genau. Wir saßen förmlich nur rum und haben dann ein bisschen zugeguckt, haben andere Sachen so gemacht, schon mal geplant, was man am Nachmittag so macht und so. Joa, das war nicht so toll, aber es ist auch nicht so schlimm, wenn es nur eine Sache ist. (S. 76, Z. 124-133)

Ihr Veränderungsimpuls dazu zeigt dieses ebenso.

A.: (...) beim Streit hätte man andere vielleicht noch ein bisschen mit einbeziehen können, also damit nicht jeder sich so langweilt. (S. 76, Z. 135-137)

Die Unterscheidung zwischen zuhören und nicht involviert zu sein ist dem Mädchen bewusst, denn das Erlangen von Wissen durch Zuhören ist ihr wichtig.

A.: (...) es war auch ganz schön, das mal zu hören (...) (S. 74, Z. 35-36)

5.2.1.3. Kennen der Bedeutung der GFK-Begriffe

Die Schülerin erwähnt mehrere GFK-Begriffe. Zum einen erwähnt sie die von der Klassenlehrerin angefertigten Schatzkarten, die den Weg der GFK weisen.

A.: (...) unsere Klassenlehrerin so Schatzkarten gemacht (...) (S. 73, Z. 15-16)

Sie spricht von einem Kommunikationsschatz. Dieses Wort stammt von Frau K. und gehört hier mit zum Wortschatz des Projektes.

A.: (...) irgendwo kommt dann der Kommunikationsschatz da (...) (S. 73, Z. 28)

Sie erwähnt hier drei Themen, die vermutlich die vier Schritte der GFK sein sollen.

A.: (...) und dann muss man halt erst so 'nen Weg dahin gehen und davor kommen dann halt auch so drei Themen glaube ich. (S. 73, Z. 29-30)

Als erstes erwähnt sie in diesem Zusammenhang das Aussehen der Schatzkarten, allerdings nicht durch ihre eigenen, sondern durch die Worte von Frau K.

A.: Ja, unsere Lehrerin hat Schatzkarten gemacht, und die Frau, die das gemacht hat, hat auch gesagt, dass man die ausstellen sollte, weil die wirklich ganz gut aussahen (...) (S. 73, Z. 25-27)

Am ausführlichsten spricht die ehemalige Teilnehmerin von den Handpuppen der GFK, der Giraffe und dem Wolf.

A.: (...) mit solchen Handpuppen da gespielt, das waren die Giraffe und der Wolf (...), und damit hat mhm, die Frau, die das gemacht hat, hat dann auch damit rumgespielt (...) (S. 73, Z. 18-20)

Sie vergleicht die Puppen mit der inneren Stimme des Engels (Giraffe) und des Teufels (Wolf) und berichtet, dass die Giraffe positiv und der Wolf negativ einwirkt.

A.: weil wenn du jetzt sauer auf dich bist, dann spricht halt der Wolf zu dir (...) und wenn du meinst, du hast jetzt in 'ner Arbeit was ganz gut gemacht, dann ist das halt die Giraffe, die da spricht und jo. (S. 73, Z. 20-23)

A.:   (…) dass es halt auch einen Wolf und eine Giraffe gibt, die manchmal zu einem spre-
        chen (S. 74-75, Z. 66-67)

Auf mein direktes Nachfragen geht sie detaillierter auf diesen Zusammenhang ein.

A.:   Der Wolf ist eher so böse, ist ja halt 'nen Wolf, und der dann immer so Ah du hast das
        falsch gemacht, du wirst es nie wieder in Ordnung bringen oder so, das ist sozusagen
        der Teufel, und die Giraffe der Engel (…), ja und die Giraffe sagt dann immer so, die
        sagt dann nur Positives und der Wolf nur Negatives und halt auch so, das hast du ja
        super gemacht, jetzt versuch doch mal so und so zu sein, ja, und so sei tapfer, und der
        Wolf dann wieder lass dir das doch nicht gefallen, schlag zurück oder sowas. (S. 75,
        S. 71-77)

Diese Dualität zwischen Gut und Böse ist von dem Projekt nicht vorgesehen. Die Giraffe steht nicht für „das Gute" (oder für den Engel), sondern für die Sprache der
GFK, und der Wolf nicht für „das Böse" (oder den Teufel), sondern für die Denk-
und Sprachstruktur der Gesellschaft.

Da die Bezeichnungen Engel und Teufel christlichen Ursprungs sind, könnte man zu
der Annahme gelangen, dass A. christlich erzogen ist, und ihr dieser Vergleich daher
sehr nahe ist. Allerdings muss man auch die aktuellen Medien (besonders Film und
Fernsehen) betrachten, die diese Dualität oftmals zeigen und darstellen.

A. ist ein Beispiel dafür, dass die Vergleiche der GFK (Giraffe/Wolf) schnell zur
„Gut-und-Böse-Dualität" werden können.

5.2.1.4.   Bewusstsein für die vier zentralen Schritte von GFK

Ein Bewusstsein für die Methode ist bei A. vorhanden. Sie bezeichnet die Methode
als Weg, wobei dieser Begriff während der Arbeitsgruppe nie verwendet wurde.
Stattdessen wurde die Bezeichnung „GFK-Tanzparkett" gewählt. Einmal gibt sie allerdings an, dass es sich um mehrere Wege handelt.

A.:   (…) und dann muss man halt erst so 'nen Weg dahin gehen (…) (S. 73, Z. 29)
A.:   Das war diese Karte, wo drauf stand, wie diese ganzen Wege nochmal gehen (…)
        (S. 75, Z. 97-98)
A.:   (…) und auf der anderen Seite ist dann der Weg (…) (S. 76, Z. 103)

Von den vier Schritten erwähnt sie am häufigsten und ausführlichsten die Gefühle,
mit Betrachtung auf die eigenen Gefühle (auch Gefühle für jemanden haben).

A.:   (…) bei wem sich besonders geborgen fühlt und so (…) (S. 73, Z. 12)
A.:   (…) Gefühle und so (…) (S. 74, Z. 40)

A.: der eine sagt, wie er es empfunden hat, ja, also du hast mich damit sehr gekränkt (S. 75, Z. 84-85)

A.: Gefühle, die man dafür empfindet, und dann vom anderen auch (…) (S. 75, Z. 98-99)

Das Wort Bedürfnis taucht mehrfach auf, einmal in Verbindung mit einem primären Bedürfnis (Trinken), das man gegenüber seinen Mitmenschen äußern sollte.

A.: (…) so das, also mein Bedürfnis, Bedürfnisse, mein Bedürfnis ist jetzt meinetwegen etwas zu trinken (S. 74, Z. 41-42)

Zum anderen erwähnt sie in diesem Kontext, dass man Bedürfnisse auch mal erfüllen muss – ob damit ihre eigenen oder die von anderen gemeint sind, bleibt unklar.

A.: (…) dass man auch halt manche Bedürfnisse einfach erfüllen muss (…) (S. 74, Z. 65-66)

Im Zusammenhang mit der Erklärung des Weges (für sie die GFK-Methode), erwähnt sie die Gefühle und die Bedürfnisse immer mit direkten Namen.

A.: Das war diese Karte, wo drauf stand, wie diese ganzen Wege nochmal gehen (…) die Bedürfnisse, Gefühle, man dafür empfindet (…) (S. 75, Z. 97-98)

Zum Schritt der Beobachtung sagt sie nichts.
Die Bitte beschreibt das Mädchen nicht, erwähnt diese weder mit Namen noch mit einer Beschreibung.
Mit zwei verschiedenen Beispielen versucht sie die Methode der GFK zu beschreiben. Beide Male vertauscht sie allerdings Bereiche und berichtet von einer eigentlich neuen Methode. Sie beschreibt die Methode auf meine Nachfrage, wie ihr die AG gefallen habe, und erwähnt sie weiter beim Berichten von einer Gruppenübung.
Die Schülerin stellt die GFK-Methode als Problemlösungsmittel dar.
Das Mädchen sagt, dass man einen Streit aufschreiben, dazu einen Zettel mit Gefühlen und einen mit Bedürfnissen (in ihrem Beispiel das Trinken) anfertigen solle und damit den Weg gehen solle, um ein Problem lösen zu können.

A.: (…) zwei Gruppen, Mädchen und so, und da hat, wurden ein Streit gesagt, und den mussten wir dann aufklären, und dann immer wieder alles aufschreiben und so, jetzt meinetwegen auf 'nen roten Zettel, und mhm, die rote Farbe stand für, was weiß ich, Gefühle und so, und dann natürlich auch noch so das, also mein Bedürfnis, Bedürfnisse, mein Bedürfnis ist jetzt meinetwegen etwas zu trinken, und durch so einen Weg haben wir das dann halt gelöst, und wir haben dann auch noch alles aufgeschrieben und so (…) (S. 74, Z. 37-44)

Da die Schülerin zwar von dem Weg berichtet, aber ihn immer sehr grob und unvollständig beschreibt, frage ich gezielt nach. Daraufhin beschreibt sie die Methode als zielorientiert, da es immer eine Versöhnung gebe bzw. man ihr näher komme. Sie beschreibt, dass eine Person erzählen solle, wie sie etwas Bestimmtes empfunden habe, und bringt ihr subjektives Empfinden und eine Bewertung mit ein.

Danach solle man sich entschuldigen, das nächste Problem nehmen, und dann würde man dem Ziel der Versöhnung näher kommen.

> A.: Also, ich weiß das nicht mehr so genau, aber ein bisschen schon, also du kommst immer mehr, wenn du jetzt streitest, kommst du immer mehr an die Versöhnung ran, also du kommst immer wieder auf einzelne Themen, der eine sagt, wie er es empfunden hat, ja, also du hast mich damit sehr gekränkt oder sowas und das fand ich nicht sehr nett, und dann entschuldigt man sich halt auch wieder so ein bisschen dabei, und dann geht's zum nächsten Problem und halt so kommt man wieder der Versöhnung näher, dem Ziel. (S. 75, Z. 81-88)

So versteht sich die GFK-Methode nicht. A. hat die Versöhnung als das Ziel verstanden, was es zu erreichen gilt. Das GFK-Konzept sieht Versöhnung nicht als Begrifflichkeit vor, und sie gehört auch nicht zum Konzept.

5.2.2. Nachhaltigkeit: Gibt es Hinweise auf eine nachhaltige Übertragung der GFK in Alltagssituationen?

5.2.2.1. Vorher-/Nachheraussagen zum Projekt

Zu diesem Punkt erwähnt das Mädchen nichts.

5.2.2.2. Aussagen zur Empathiefähigkeit und zum Umgang mit Konflikten

Zu der Frage, ob sie mit Konflikten nun anders umgehe, bringt sie konträre Beispiele. Zuerst berichtet sie, dass mit der GFK-Methode Konflikte familiärer Art zu lösen seien, bringt aber in diesem Zusammenhang eine Verallgemeinerung und keine Konkretisierung.

> A.: Ja, es war halt ganz schön, das alles mal zu wissen, und wenn man sich zu Hause streitet, und dann kann man das ja auch mal so lösen, wie wir das da gemacht haben (...) (S. 74, Z. 48-50-42)

Mit ihren Schwestern sei das nicht möglich, mit ihrer Mutter sei es ihr allerdings in der Vergangenheit schon ein Mal „mehr oder weniger" gelungen. Sie habe hier ein

Problem mit Hilfe der erhaltenen Schatzkarten lösen können, und zwar kurz nach der Beendigung der AG – die Nutzung der Methode liegt also schon ein Jahr zurück.

> A.: Also mit meinen Schwestern bestimmt nicht (lacht), mhm, aber bei meiner, also früher, also, keine Ahnung, kurze Zeit danach, dann hab ich das auch mal versucht mit dieser Karte, da hatte ich Streit mit meiner Mutter, da hab ich das mit der Karte versucht wieder zu lösen, und das ging dann eigentlich auch mehr oder weniger, ja also. (S. 75, Z. 91-95)

Die Unterscheidung der Mutter und der Schwestern ist hier besonders hervorzuheben, da sie vorher von familiären Konflikten spricht, und dann nur noch von einer Konfliktlösung mit ihrer Mutter. Von aktuellen Konflikten und dem Umgang mit ihnen berichtet sie nichts, ebenso wenig gibt sie Hinweise zur Empathiefähigkeit. Sie spricht allerdings davon, dass man seine subjektiven Empfindungen aussprechen solle und andere dieses ebenfalls tun sollten. Von einem empathischen Einfühlen ist hierbei keine Rede.

> A.: ja, also du hast mich damit sehr gekränkt oder sowas und das fand ich nicht sehr nett (S. 75, Z. 84-85)
> A.: (...) Gefühle, die man dafür empfindet, und dann vom anderen auch (...) (S. 75, Z. 98-99)

5.2.2.3. Aussagen zur persönlichen Weiterentwicklung

Eine persönliche Weiterentwicklung ist nicht direkt nachzuweisen. Wie schon oben erwähnt, nimmt das Mädchen oft Verallgemeinerungen vor und spricht nicht konkret von der Anwendung der GFK.

Sie erwähnt, dass sie gelernt habe, dass man Bedürfnisse oftmals einfach erfüllen müsse. Ob sie hierbei ihre eigenen oder die der anderen meint, ist nicht zu erkennen.

> A.: (...) dass man auch halt manche Bedürfnisse einfach erfüllen muss (...) (S. 74, Z. 65-66)

5.2.2.4. Bewusstsein für die Sinnhaftigkeit der GFK-Kommunikation im Alltag (konkrete Beispiele?)

Wie oben bereits erwähnt, nimmt sie Verallgemeinerungen zur GFK-Methode und dem Umgang vor und bringt nur ein vergangenes Beispiel einer Konfliktlösung vor. Ob hier davon auszugehen ist, dass A. der GFK-Kommunikation eine Sinnhaftigkeit im Alltag zuschreibt, kann nicht gesagt werden, da sie hierzu keine Beispiele bringt.

5.2.3.   Einschätzung der Projektdurchführung

5.2.3.1.   Erfüllte und enttäuschte Erwartungen

Die AG hat dem Mädchen gut gefallen.

> I.:   Also, du fandest es gut?
> A.:   Ja, ich fand's gut. (S. 76, Z. 114-115)

Die lockere Atmosphäre durch Frau K. wirkte auf das Kind belustigend und wurde als schön empfunden.

> A.:   mhm, mit Frau K. war das halt ganz lustig, sie war immer ganz locker dabei (S. 76, Z. 112-113)

Am besten hat ihr das interaktive Theater gefallen. Hierbei spricht sie sogar davon, dass man diese Theaterform verwenden kann, um eine Auffrischung der Methode herbeizuführen.

> A.:   und dann haben wir Schauspiel gemacht und das war halt auch ganz lustig (S. 73, Z. 13-14)
> A.:   Also, ich würde vielleicht mal so 'nen Schauspiel machen, dann kriegt man auch alles wieder so im Kopf wieder (S. 77, Z. 144-145)

Bei einer konkreten Konfliktklärung zwischen zwei Mädchen in der Gruppe empfand sie es als langweilig, nicht direkt daran teilnehmen zu können.

> I.:   Mhm, hat dir denn auch was gefehlt?
> A.:   Eigentlich nicht. Also bei, es war ein bisschen langweilig, als da zwei Mädchen den Streit geschlichtet haben zwischen sich, das mussten ein paar Mädchen das halt mit aufschreiben und, mhm, das war dann halt für die anderen langweilig, und das war dann ja auch heiß, das war dann, also das war nicht so toll.
> I.:   Langweilig, weil ihr dann nichts zu tun hattet oder
> A.:   Ja, genau. Wir saßen förmlich nur rum und haben dann ein bisschen zugeguckt, haben andere Sachen so gemacht, schon mal geplant, was man am Nachmittag so macht und so. Joa, das war nicht so toll, aber es ist auch nicht so schlimm, wenn es nur eine Sache ist. (S. 76, Z. 123-133)

5.2.3.2.   Von der Leitung vorgelebte GFK-Haltung?

Zu diesem Punkt berichtet sie nichts.

5.2.3.3. Veränderungsimpulse

Ihre negative Empfindung der passiven Teilnahme der Konfliktlösung der zwei Mädchen (siehe Punkt 5.2.3.1) ist auch der Anlass, einen Veränderungsimpuls einzubringen. A. schlägt vor, dass alle Teilnehmer/innen involviert und aktiv bei den Übungen eingebunden werden.

I.: Okay. Hast du denn vielleicht Ideen, was man noch besser machen könnte?

A.: (Pause) Nein, eigentlich nicht, also es war alles ziemlich toll, nur beim Streit hätte man andere vielleicht noch ein bisschen mit einbeziehen können, also damit nicht jeder sich so langweilt.

I.: Also, dass alle zum Beispiel mal was sagen.

A.: Ja, dass alle was dazu beitragen können, und dass auch alle was zu tun haben, ja. Das wär vielleicht 'nen Tipp. (S. 76-77, Z. 134-140)

5.2.4. Zusammenfassung

A. hat vor zwölf Monaten die AG besucht. Trotz dieser langen Zwischenzeit ist eine Nachhaltigkeit festzustellen.

Für A. sind die Punkte der Problemlösung und der Versöhnung bei einem Konflikt sehr wichtig, wobei der zweite Punkt nicht erklärter Inhalt der GFK ist.

Ein paar Begrifflichkeiten kann A. wiedergeben und/oder erklären. Sie erinnert sich an eine GFK-Methode, aber obwohl sie diese als Karte zu Hause hat („Schatzkarten"), kann sie sie nicht korrekt erklären.

Die GFK-Elemente Wolf und Giraffe kann A. nennen, gibt ihnen aber eine fehlerhafte Bedeutung (gut/böse). Ein aktueller Umgang mit GFK ist nicht nachzuweisen, allerdings eine Nachhaltigkeit. Für A. war das Projekt sehr lustig und eine Lernerfahrung, da sie viel Neues gelernt hat.

5.2.4.1. Auffälligkeiten

Auffällig ist, dass A. oftmals ihre eigene Meinung nicht durch ihre eigenen Wörter darstellt, sondern auf Meinungen von anderen Teilnehmern oder Erwachsenen verweist.

A.: Ja, unsere Lehrerin hat Schatzkarten gemacht, und die Frau, die das gemacht hat, hat auch gesagt, dass man die ausstellen sollte, weil die wirklich ganz gut aussahen (...) (S. 73, Z. 25-27)

A.: Ja, also meine Mutter hat schon gesagt, als wir diesen Zettel mit nach Hause gebracht haben, so etwas kann man nie oft genug machen (...) (S. 76, Z. 110-111)

I.: Mhm, hättest du Lust, es nochmal zu machen?

A.: Ja, also das habe ich vorhin auch schon gesagt, da war das halt so, alle fanden es sehr gut, wirklich um mhm O. hat dann vorgeschlagen, ob es nicht mal so 'ne zweite Runde gibt, ob es noch einen Teil zwei dazu geben würde, aber ich glaube, Frau K. hat sich darüber auch ein paar Gedanken macht (…) (S. 76, Z. 116-121)

Wieso sie diese Beispiele von anderen gibt, bleibt nur zu vermuten. Ob es sich trotzdem um ihre Gefühle, ihre subjektive Meinung hierbei handelt, kann nicht genau festgestellt werden.

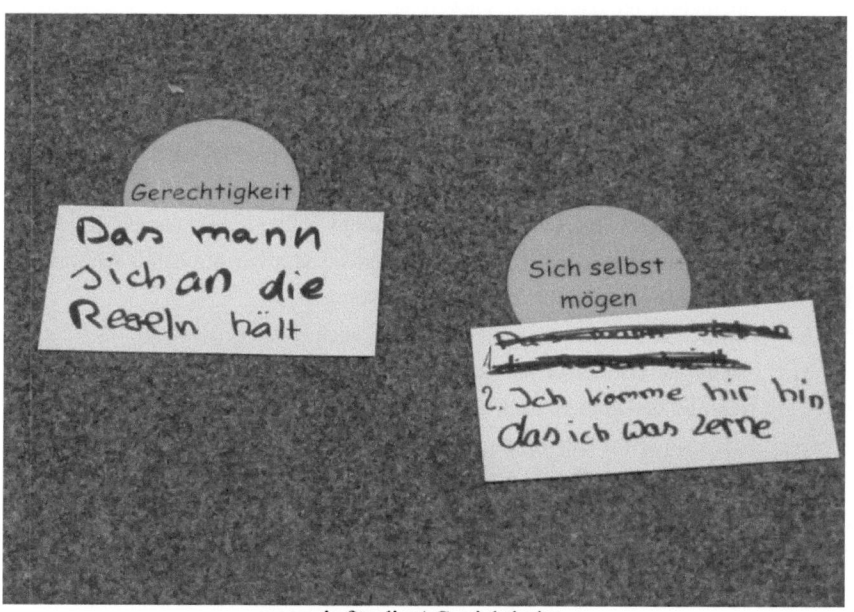

was mir für die AG wichtig ist ...

5.3. Interview mit O., männlich, 12 Jahre, Gymnasium

1 I.: Also. Mhm. Du hast ja bei dem Projekt Gewaltfreie Kommunikation
2   teilgenommen, bei der AG. Mhm. Erzähl doch mal, was ihr da alles ge-
3   macht habt!
4 O.: Mhm. Wir haben, mhm, mhm, versucht, auch private Probleme, halt zu
5   lösen. Haben auch Selbstbeispiele genommen, also erfunden zum Beispiel
6   auch. Haben dann, mhm, auch zum Beispiel, hatten wir, mhm, Sachen auf-
7   geschrieben, sollten die uns wichtig sind, und dann sollten wir alle zusam-
8   menlegen, um das mal zu gucken, ja.
9 I.: Mhm, und wie hat dir das so gefallen, was ihr gemacht habt?
10 O.: Eigentlich hat mir das sehr gut gefallen. Hat auch Spaß gemacht. Die Mit-
11   tagspause war auch gut (lacht).
12 I.: Okay. Mhm genau, hat dir denn etwas Besonders gefallen? Du hast gerade
13   die Mittagspause gesagt, vielleicht sonst noch was?
14 O.: Mhm. Äh, ja, das wir halt Probleme, mhm, selber lösen konnten. Ich fand's
15   auch gut, also wenn wir Probleme hatten, dass wir die dann, also private
16   Probleme, dass wir die dann da lösen konnten.
17 I.: Mhm. Okay. Ähm. Hast du denn dabei auch etwas gelernt?
18 O.: Mhm, ja, also davor hab ich auch schon in anderen Sachen, solchen AGs
19   dran teilgenommen, auch zur Gewaltfreien Kommunikation, mhm, so hab
20   ich auch etwas dabei gelernt, mhm und zwar, 'nen bisschen auch Neues da-
21   bei, ja.
22 I.: Okay, und was war das Neue, also was war das Neue, das du so erfahren
23   hast?
24 O.: Mhm, also, ja, vorher war ich, also, wenn wir Probleme in der Klasse ha-
25   ben, dann versuch ich die auch mit diesen Methoden, also wir haben neue
26   Methoden da gelernt, dann versuch ich die auch mal mit diesen neuen Me-
27   thoden zu regeln. Und das für mich im Kopf durchzugehen. Ja.
28 I.: Kennst du noch die Methoden, die du dort gelernt hast?
29 O.: (räuspert sich) Wir sollen uns auf jeden Fall auch mal in den anderen hin-
30   einversetzen. Man soll auf jeden Fall einsichtig sein, wenn man selber ir-
31   gendwas gemacht hat.
32 I.: Mhm. Okay. Mhm. Du hast eben auch schon mal gesagt, dass du auch in
33   der Klasse versucht hast, was anders zu machen. Wenn wir jetzt mal als

34		Beispiel, also in der Klasse hast du jetzt schon gesagt, aber auch in der
35		Familie oder bei Freunden, gehst du dann damit anders um jetzt, nach der
36		AG?
37	O.:	Hmm. Ähm. (räuspert sich) In der AG lass ich dann meine Freunde auch
38		mal ausreden (I.: Aha, mhm) und ähm, und, habe auch gelernt, besser zu-
39		zuhören und mich besser in die hineinzuversetzen.
40	I.:	Mhm. Okay. Ähm, findest du das gut, dass Frau K. das Projekt mit euch
41		gemacht hat?
42	O.:	Ja, das fand ich sehr gut, auch gut, dass das von der Schule angeboten wur-
43		de, mhm, es hat mir halt auch viel Spaß gemacht, und ich glaube den ande-
44		ren auch, also es dient ja auch dazu, mhm, also dass man mal da Probleme
45		klären kann und man lernt halt auch, wie man Probleme klären kann.
46	I.:	Mhm. Ähm, hättest du Lust, noch einmal mitzumachen?
47	O.:	Ähm, ich weiß nicht, ich habe eigentlich jetzt alles, mhm, gelernt, was man
48		eigentlich braucht, also mhm, wäre es, mhm, ich würde nicht sagen sinn-
49		los, sowas nochmal zu machen, nochmal, naja, aber, für mich würde halt
50		nichts Neues dabei kommen, deshalb für mich eher nicht.
51	I.:	Mhm. Okay. Hat dir denn etwas gefehlt, bei der AG, irgendwas?
52	O.:	Eigentlich nicht.
53	I.:	Ah, okay. Alles gut?! Also hast du auch keine Idee, was noch besser wer-
54		den könnte?
55	O.:	Mhm, naja, also eigentlich fand ich es auch gut, also zum Beispiel die Pau-
56		sen wurden dazwischen gut eingeteilt, wir konnten immer mal zwischen-
57		durch was trinken, ähm, ich fand auch gut, also wir haben das ja auch mit
58		(Name der Klassenlehrerin) gemacht, ja, also, ja.
59	I.:	Okay, und die letzte Frage, dann ist es schon um, mhm, und was würdest
60		du denn besonders gerne nochmal machen, also wenn du doch nochmal das
61		machen könntest, würdest du, da aus der AG, was bestimmtes nochmal
62		machen, wenn du könntest?
63	O.:	Ähm, also wenn, ich will nicht, dass meine Freunde sich streiten, oder,
64		mhm, aber man kann zum Beispiel nochmal wiederholen, also, Streit selber
65		nochmal ausdenken, und den dann versuchen zu lösen.
66	I.:	Alles klar. Das war's auch schon. Dankeschön.

5.4. Auswertung (Thorsten Muer)

5.4.1. Kognitives und emotionales Wissen darüber, wie GFK funktioniert

5.4.1.1. Wahrnehmung/Erleben des Projekts

O. hat das GFK-Projekt als Methode zur Problem- und Konfliktlösung wahrge-nommen. Für ihn hatten diese Punkte die meiste Priorität, was sich daran zeigt, dass er kognitive Begriffe, wie „lösen", „klären" und „lernen", häufig erwähnt.

> O.: Mhm. Wir haben, mhm, mhm, versucht, auch private Probleme, halt zu lösen. Haben auch Selbstbeispiele genommen, also erfunden zum Beispiel auch. (S. 89, Z. 4-5)
>
> O.: Mhm. Äh, ja, das wir halt Probleme, mhm, selber lösen konnten. Ich fand's auch gut, also wenn wir Probleme hatten, dass wir die dann, also private Probleme, dass wir die dann da lösen konnten. (S. 89, Z. 14-16)
>
> O.: (…) also dass man mal da Probleme klären kann und man lernt halt auch, wie man Probleme klären kann. (S. 90, Z. 44-45)

5.4.1.2. Bewertung des Arbeitsprozesses

Der Junge hat die AG als gut empfunden. Er betonte, dass ihm die Arbeitsprozesse sowie ihre Strukturierung mit den Pausen Spaß gemacht haben. Besondere Beachtung legt er auf die Versorgung.

> O.: Eigentlich hat mir das sehr gut gefallen. Hat auch Spaß gemacht. Die Mittagspause war auch gut (lacht) (S. 89, Z. 10-11)
>
> O.: Ja, das fand ich sehr gut, auch gut, dass das von der Schule angeboten wurde, mhm, es hat mir halt auch viel Spaß gemacht, und ich glaube den anderen auch (…) (S. 90, Z. 42-44)
>
> O.: Mhm, naja, also eigentlich fand ich es auch gut, also zum Beispiel die Pausen wurden dazwischen gut eingeteilt, wir konnten immer mal zwischendurch was trinken, ähm, ich fand auch gut, also wir haben das ja auch mit (Name der Klassenlehrerin) gemacht (…) (S. 90, Z. 55/58)

5.4.1.3. Kennen der Bedeutung der GFK-Begriffe

O. erwähnt von sich aus keinen GFK-Begriff. Allerdings ist das Bewusstsein für die Begriffe da.

5.4.1.4. Bewusstsein für die vier zentralen Schritte von GFK

Keinen der vier Schritte als Prozess benennt O. namentlich. Aber er hat ein Bewusstsein für die unterschiedlichen Schritte. Zunächst erwähnt er die GFK-Methode an sich.

> O.: also wir haben neue Methoden da gelernt, dann versuch ich die auch mal mit diesen neuen Methoden zu regeln. Und das für mich im Kopf durchzugehen. Ja. (S. 89, Z. 25-27)

Bei direktem Nachfragen, was die Methode sei, beschreibt er die Bedeutung der Empathie.

> O.: Wir sollen uns auf jeden Fall auch mal in den anderen hineinversetzen. (S. 89, Z. 29-30)

Drei der vier Schritte der GFK erklärt und beschreibt er, zuerst die Beobachtung.

> O.: (…) und, habe auch gelernt, besser zuzuhören. (S. 90, Z. 38-39)

Eine Äußerung seiner Gefühlseindrücke bringt er nicht direkt, nur im Bezug auf Empathie (siehe auch Punkt 5.4.2.2.).

> O.: Wir sollen uns auf jeden Fall auch mal in den anderen hineinversetzen. (S. 89, Z. 29-30)
> O.: (…) und mich besser in die hineinzuversetzen. (S. 90, Z. 39)

Bedürfnisse erwähnt er nicht direkt, aber O. spricht von dem Arbeitsprozess mit den Bedürfniskarten.

> O.: (...) auch zum Beispiel, hatten wir, mhm, Sachen aufgeschrieben, sollten die uns wichtig sind, und dann sollten wir alle zusammenlegen, um das mal zu gucken (S. 89, Z. 6-8)

Den vierten Schritt, die Bitte, erwähnt er nicht.

5.4.2. Nachhaltigkeit: Gibt es Hinweise auf eine nachhaltige Übertragung der GFK in Alltagssituationen?

5.4.2.1. Vorher-/Nachheraussagen zum Projekt

Zu diesem Punkt erwähnt der Junge nichts.

5.4.2.2. Aussagen zur Empathiefähigkeit und zum Umgang mit Konflikten

Der Zwölfjährige beschreibt die Bedeutung von Empathie, die ein Schwerpunkt des Konzeptes ist.

> O.: Wir sollen uns auf jeden Fall auch mal in den anderen hineinversetzen. Man soll auf jeden Fall einsichtig sein, wenn man selber irgendwas gemacht hat. (S. 89, Z. 29-31)
> O.: (...) und mich besser in die hineinzuversetzen. (S. 90, Z. 39)

Ausgehend von Problemen in der Klasse beschreibt O., dass er nun versuche, diese mit den Methoden der GFK zu regeln.

> O.: Mhm, also, ja, vorher war ich, also, wenn wir Probleme in der Klasse haben, dann versuch ich die auch mit diesen Methoden, also wir haben neue Methoden da gelernt, dann versuch ich die auch mal mit diesen neuen Methoden zu regeln. Und das für mich im Kopf durchzugehen. Ja. (S. 89, Z. 24-27)

Beim Umgang mit Konflikten berichtet er von einer Veränderung seines Verhaltens, allerdings begrenzt auf die Projekt-AG.

> O.: In der AG lass ich dann meine Freunde auch mal ausreden (I.: Aha, mhm) und ähm, und, habe auch gelernt, besser zuzuhören und mich besser in die hineinzuversetzen. (S. 90, Z. 37-39)

Den Punkt der „Selbstreflexion" bringt er hier ebenfalls mit ein, mit Bezug auf das eigene Ich. (s.o.)

5.4.2.3. Aussagen zur persönlichen Weiterentwicklung

Der Junge fühlt sich im Umgang mit dem Konzept sicher und kann es auch anwenden.

> O.: Ähm, ich weiß nicht, ich habe eigentlich jetzt alles, mhm, gelernt, was man eigentlich braucht, also mhm, wäre es, mhm, ich würde nicht sagen sinnlos, sowas nochmal zu machen, nochmal, naja, aber, für mich würde halt nichts Neues dabei kommen, deshalb für mich eher nicht. (S. 90, Z. 47-50)

5.4.2.4. Bewusstsein für die Sinnhaftigkeit der GFK-Kommunikation im Alltag

Wie in den vorherigen Zitaten erkennbar, ist die GFK-Methode für O. ein wichtiges Werkzeug für die Problem- und Konfliktlösung im Alltag. Er erkennt die Sinnhaftigkeit der Methode an. Ob und wie er diese tatsächlich anwendet, bleibt offen. Die Methode des interaktiven Theaters, die er in der AG gelernt hat, beschreibt er.

O.: Ähm, also wenn, ich will nicht, dass meine Freunde sich streiten, oder, mhm, aber man kann zum Beispiel nochmal wiederholen, also, Streit selber nochmal ausdenken, und den dann versuchen zu lösen. (S. 90, Z. 63-65)

5.4.3. Einschätzung der Projektdurchführung

5.4.3.1. Erfüllte und enttäuschte Erwartungen

Von seinen erfüllten Erwartungen berichtet O. nichts. Der Junge hat keine enttäuschten Erwartungen.

I.: Mhm. Okay. Hat dir denn etwas gefehlt, bei der AG, irgendwas?
O.: Eigentlich nicht. (S. 90, Z. 51-52)

5.4.3.2. Von der Leitung vorgelebte GFK-Haltung

Zu diesem Punkt ist nichts zu berichten, da es keine von ihm ausgehenden Äußerungen dazu gibt.

5.4.3.3. Veränderungsimpulse

Auf meine Frage, ob ihm zu diesem Punkt etwas einfallen würde, antwortete der Junge damit, was ihm „gut" gefallen habe.

I.: Ah, okay. Alles gut?! Also hast du auch keine Idee was noch besser werden könnte?
O.: Mhm, naja, also eigentlich fand ich es auch gut, also zum Beispiel die Pausen wurden dazwischen gut eingeteilt, wir konnten immer mal zwischendurch was trinken, ähm, ich fand auch gut, also wir haben das ja auch mit (Name der Klassenlehrerin) gemacht, ja, also, ja. (S. 90, Z. 53-58)

5.4.4. Zusammenfassung

Der Junge sieht die GFK-Methode als ein Instrument der Konfliktlösung an, die er gelernt hat. O. hat ein sehr kognitives Denkverhalten. Es fällt ihm schwer, über seine eigenen Gefühle zu reden, was im Zusammenhang mit seinem Alter stehen kann. Frau K. arbeitet nicht mit Kindern zwischen 12-14 Jahren, weil Kinder dieser Altersstufe nicht gerne über ihre eigenen Empfindungen sprechen – O. könnte ein Beleg dafür sein.
Er hat die Grundidee des Konzepts jedoch verinnerlicht und verstanden.
Wir müssen hier allerdings unterscheiden zwischen Externalisierung und Internalisierung, da er zwischen beiden wechselt. Einmal spricht er von „Wir sollen" und dann wieder von „Ich habe gelernt". Hier bleibt die Frage offen, was er für sich auf-

genommen hat. Für O. war der Schwerpunkt der Methode die Problemlösung. Die AG besuchte der Junge vor einem Jahr. Nach dieser Zeit ist immer noch eine Nachhaltigkeit vorzuweisen.

5.4.4.1. Auffälligkeiten

O. nutzt in seinen Erzählungen mehrmals das Wort „eigentlich". Dieser Begriff wird oft dazu benutzt, um zwei Positionen darzustellen. Da O. aber in seinen Erzählungen nur auf einen Punkt eingeht, könnte man annehmen, dass er eine andere Seite nicht erzählt. Das bleibt allerdings offen.

> O.: Eigentlich hat mir das sehr gut gefallen. (S. 89, Z. 10)
> O.: (…) Ähm, ich weiß nicht, ich habe eigentlich jetzt alles, mhm, gelernt, was man eigentlich braucht. (S. 90, Z. 47-48)
> I.: Mhm. Okay. Hat dir denn etwas gefehlt, bei der AG, irgendwas?
> O.: Eigentlich nicht. (S. 90, Z. 51-52)
> O.: Mhm, naja, also eigentlich fand ich es auch gut, also zum Beispiel die Pausen (S. 90, Z. 55-56)

„der Weg", sich auf den 4 Schritten bewegen ..
(in Anlehnung an das „GFK-Tanzparkett" von B. Belgrave und G. Lawrie)

6. Der Streit

6.1 Interview mit M., weiblich, 11 Jahre, Hauptschule

(M. durfte an meinem Besuchstag auf ihren Wunsch in eine andere AG, die zeitgleich stattfand, wechseln)

1 I.: War das gut, hat es dir gefallen dort?

2 M.: Äh, ja, mir hat es auch ganz gut gefallen, auch in der anderen AG, weil,
3 ähm, wir hatten halt s' ABC auf'm Computer geschrieben und s'ha war
4 dann so schön, weil wir da auch an verschiedenen Mustern gemacht ha-
5 ben…von den ABC'n.

6 I.: Verschiedene Muster habt ihr (M.: Ja) damit gemacht? Okay.

7 M.: Also, wir hatten einen klein, groß, schief, bunte Farben und halt noch
8 mehr. Und dann ham wir das ausgedruckt, äh, -druckt und dann durften wir
9 auch unseren Namen draufschreiben und dann,…, ham wir das halt mitge-
10 nommen, das Ausgedruckte.

11 I.: Mein Namen weißt du, ge?

12 M.: Nein, noch nicht so ganz.

13 I.: (lachend) noch nicht so ganz Jörg, ich bin Jörg.

14 M.: Okay.

15 I.: Okay.

16 M. (leichtes Lachen)

17 I.: (lachend) Alles klar. Ähm, ja, dann frag ich dich die, die erste Fragen…

18 M.: Ja.

19 I.: … mh, zu der AG und zwar, ähm, hast du ja bei der AG Gewaltfreie
20 Kommunikation mitgemacht…

21 M.: Ja.

22 I.: …und, ja, erzähl einfach mal, was ihr da so alles gemacht habt.

23 M.: Also wir ham gelernt, dass man gegenüber, wenn man, wenn man jetzt ge-
24 stresst ist, dass man gegenüber gleich nicht ausrasten soll, dass man dann
25 halt vernünftig darauf reagieren soll, wie zum Beispiel wenn jetzt sagen
26 wir mal einer…zu mir sagt „fick dich", dann soll man gleich nich' losge-
27 hen, sondern ersma' schön ruhig bleiben, und ersma' nach paar Tagen,
28 wenn man beruhigt ist, dass man das dann halt mit der Person klärt und
29 dass man gleich nich' auf die Person losgeht. Und wir ham dann halt noch

96

30		so Gef son so was Ähnliches wie 'ne Gefühlssonne gehabt. Da hatten wir
31		immer so 'ne Gefühlssonne. Da war'n halt ganz viele Wörter drum rum,
32		wie zum Beispiel wie man sich fühlt: traurig, glücklich und dann sollten
33		wir uns zu einer Zeit wieder zurückkehren, wo wir…unsern größten Streit
34		hatten und dann sollten wir dazu 'nen Wort finden, wie man sich in dem
35		Moment gefühlt hat. Und dann hatten wir au noch, ähm, was ein Mensch
36		braucht, und zwar, ähm, wenn man jetzt in einem Streit is, dass man dann
37		ganz schnell braucht is zwä vielleicht Respekt oder, ähm, Luft, Nahrung,
38		Spaß und so, was man dann halt am meisten braucht. Und dann ham wir,
39		ähm gebastelt (I.: Mhm) und dann hatten wir, ähm, eine Runde gemacht,
40		äh, dass wir uns vorstellen sollten, und dass wir sa sagen sollten, wie wir
41		uns da in dem Moment gefühlt haben, und, ähm, …dann…sollten wir uns
42		auch noch selber Bedürfnisse finden, wie man sich fühlt und wie
43		man…was man braucht, also, was man am meisten braucht. (I.: Mhm) Ja,
44		und halt von der ganzen AG hab ich auch gelernt, dass man gleich nich' auf
45		eine Person zugehen soll, und zwar, erst mal sich zurückhalten soll, und
46		dann weil wenn man… gleich auf die Person zugeht, dann kriegt man ja
47		eigentlich den ganzen Ärger, weil der die andere Person, die macht dann ja
48		gar nix und dann kriegt die Person ja gar kein Ärger und was wir dann
49		noch gelernt haben, das war (I.: Mh) Ähm, ja, was anderes ham wir nich'
50		gelernt.
51	I.:	Mhm. Ja, das ist ja auch schon 'ne ganze Menge, was du erzählt hast…
52		Ähm…ja und du hast jetzt ganz ganz viel erzählt und ähm, was, was ihr
53		gelernt habt. (M.: Mhm) Was mich jetzt interessieren würde is, ähm: Wie
54		hat dir des gefallen, was ihr gemacht habt?
55	M.:	Also, mir hat's sehr doll gefallen, weil mir das auch geholfen hat, aber was
56		mir manchmal nich' gefallen hat, dass manche Kinder in der Gruppe ge-
57		stört ham, so dass…, dass wir viel unterbrechen mussten, aber wenn wir
58		jetzt nicht immer viel unterbrechen müssten, dann wäre das bestimmt 'ne
59		halbe Stunde, also wenn man die ganze Zeit zusammen machen würde und
60		dann würden wir eigentlich noch mehr lernen, aber mir hat das eigentlich
61		auch ganz Spaß gemacht. Das war lustig und daraus hat man auch vieles
62		gelernt. (I.: Mhm) was okay (gegenüber?) zu mir.
63	I.:	Du hast ja gesagt, dass es dir Spaß gemacht hat und dass es dir auch gehol-
64		fen hat.

65	M.:	Ja.
66	I.:	Mhm. Kannst du sagen, wobei es dir geholfen hat?
67	M.:	Also, ich hab daraus gelernt, dass ich, äh, was mir ganz doll geholfen hat,
68		is, wenn ich einen Streit hab, dass ich auf die Person nich' gleich nich' zu-
69		gehen soll, das hat mir geholfen, weil ich wusste genau, was dann passiert,
70		weil ich wusste dann zum Beispiel nicht, wenn man, wenn man gleich zu-
71		schlägt, dass ich dann den meisten Ärger kriege, zum Beispiel das wusste
72		ich nich', und das hab ich gelernt.
73	I.:	Mhm.
74	M.:	Und ja, was anderes eigentlich nich'.
75	I.:	Mh, und jetzt hab ich hier die Frage stehen: „Hast du dabei auch etwas ge-
76		lernt oder etwas Neues erfahren?", aber das hast du ja im Prin-
77		zip…beantwortet, außer (M.: Ja) du möchtest jetzt noch was dazu sagen.
78	M.:	Nein.
79	I.:	(lachend) Mhm okay…Ähm, ja, dann nochmal 'ne Frage und zwar, äh,
80		wenn's jetzt mal Streit gibt in deiner Klasse, in der Familie oder mit deinen
81		Freunden, gehst du…dann anders damit um?
82	M.:	Ich geh' damit anders damit um. Und zwar ich benutz mein Kopf dafür und
83		renn gleich au nich' zur Lehrerin oder renn oder schläg schlag gleich nich'
84		zu oder mach sonst wie was, ich lass die Person einfach links liegen stehen
85		und sag einfach, „Kuck dich mal selber an", und dann geh ich einfach wei-
86		ter und dann wart ich, bis die Person selber mal ankommt und sagt, „Hier,
87		Entschuldigung, ich, es tut mir leid. Ich hab 'n Fehler gemacht." Weil wenn
88		die Person einen Fehler gemacht hat, dann geh ich nich' dahin, und zwar
89		ich warte bis die Person kommt und sagt „Entschuldigung, ich hab das und
90		das gemacht."
91	I.:	Mhm. Okay. Ähm, uuund, findest du, findest du g, findest du's gut, dass
92		Frau K., M. und W. das Projekt mit euch gemacht ham?
93	M.:	Ja, ich find das eigentlich auch ganz gut, die waren auch ganz nett, aber
94		was ich schade fand, dass eine Frau, die h heißt S., das ist die Frau von W.,
95		die wollte eigentlich auch kommen, aber dass nich' kommen konnte, das
96		fand ich schade.
97	I.:	Mhm. Okay. Aber mit, mit Frau K., also mit der Frau K., die da war, und
98		mit dem W. und dem M. fand'st du's sonst gut.
99	M.:	Ja, ich fand das auch lustig mit denen.

98

100	I.:	Und hättest du Lust, das nochmal zu machen?
101	M.:	Also das…
102	I.:	Nochmal mitzumachen bei dem Projekt?
103	M.:	Also im Moment hätt ich gar keine Lust darauf. Lust hätt ich schon, aber
104		ich hab im Moment viel, also ich hab, ähm, in der Woche, hab ich
105		BastelAG und FörderAG und sonst wie was, na hab ich noch Tanzen und,
106		es wäre mir dann alles zu viel, aber wenn das erst mal vorüber wäre, dann
107		würd' ich eigentlich noch mitmachen, also hätt ich gerne Lust darauf.
108	I.:	Mhm. (lachend) Hättst du gerne Lust darauf?
109	M.:	Ja.
110	I.:	Und hat dir was, hat dir was gefehlt, bei dem Projekt?
111	M.:	Mhm, eigentlich nich'.
112	I.:	AG heißt's, nich' Projekt, ge, ihr sagt AG dazu?
113	M.:	Ja.
114	I.:	Mhm, und hast du, hast du vielleicht Ideen, was mr noch besser machen
115		könnte?
116	M.:	Mhm, Nein, aber das zu dem Verbessern, da wollt ich noch was sagen: Al-
117		so ich fand, dass das Frau K. und dass W. und dass M., dass die das ganz
118		gut gemacht haben. Also, d die war'n richtig geduldig un, die ham gleich
119		nich angefing…angefang zu schreien oder sonst wie was, aber was ich
120		auch noch ganz gut fand von den, mhm, die war'n, die war'n gedul, ja die
121		war'n geduldig, und die sind nicht ausgerastet, und die ham das irgendwie
122		so erklärt, dass man das auch versteht und dass man das auch verstehen
123		will, irgendwie. Weil manchmal, wenn sagen wir mal die Schulleitung
124		sagt, „du musst das jetzt machen", dann hat man ja keine Lust darauf, das
125		zu verstehen, aber bei denen hat man das, wollte man das irgendwie, dass
126		man das versteht.
127	I.:	Mhm.
128	M.:	Also.
129	I.:	Und kannst du, kannst du sagen, woran das lag?
130	M.:	Jjj…
131	I.:	Dass du das bei denen wolltest und bei anderen nicht?
132	M.:	Ja, ich weiß nich', die war, die ham's einfach so nett gesagt, un…ja, die
133		ham's einfach nur so nett gesagt und auch lustig erzählt.

134	I.:	Mhm, okay. Uund, ähm, wenn das Projekt, des is oder die AG, ist ja nächs-
135		tes Mal nochmal.
136	M.:	Ja.
137	I.:	Und, ähm, beziehungsweise stell dir einfach vor, die würd' jetzt noch län-
138		ger laufen oder du würd'st nochmal dran teilnehmen, was, was würd'st du
139		dann ganz besonders gern nochmal machen?
140	M.:	Ähm, dass, ich würd…das Basteln noch einmal gerne machen und das…
141		mit der Gefühlssonne, würd ich das noch einmal gerne machen.
142	I.:	Okay. Die beiden Sachen ham dir (M.: Ja), ham dir am meisten Spaß ge-
143		macht?
144	M.:	Ja.
145	I.:	Ähm. Gibt's noch was, was du jetzt vielleicht, ähm, gerne erzählen möch-
146		test, zu der AG?
147	M.:	Nein.
148	I.:	Okay, dann auch vielen Dank (M.: Ja) auch dir, M.?
149	M.:	Ja.
150	I.:	M. war richtig. M. für das Interview!
151	I.:	Ja.

100

6.2. Auswertung (Jörg Werner)

6.2.1. Kognitives und emotionales Wissen darüber, wie GFK funktioniert

6.2.1.1. Wahrnehmung und Erleben der AG

M. sieht die AG zur Gewaltfreien Kommunikation vornehmlich als Lernort für den Umgang mit Konflikten. Dies ist auch gleich das erste, was sie auf die Frage nach den Inhalten antwortet:

> M.: Also wir ham gelernt, dass man gegenüber, wenn man, wenn man jetzt gestresst ist, dass man gegenüber gleich nicht ausrasten soll, dass man dann halt vernünftig darauf reagieren soll, wie zum Beispiel wenn jetzt sagen wir mal einer... zu mir sagt „fick dich", dann soll man gleich nich' losgehen, sondern ersma' schön ruhig bleiben, und ersma' nach paar Tagen, wenn man beruhigt ist, dass man das dann halt mit der Person klärt und dass man gleich nich' auf die Person losgeht. (S. 97, Z. 23-29)

Auffällig ist, wie sehr M. den so erlernten Umgang mit Konflikten als erwünschtes oder erwartetes Verhalten beschreibt, etwas, was man tun „soll". Dadurch wirken ihre Erklärungen etwas distanziert und sind eher theoretischer Natur.

An späterer Stelle wird klar, dass M. die GFK nicht nur in diesem Licht (als etwas „von außen" Erwünschtes) sieht, sondern sich durchaus einen Gewinn daraus verspricht:

> M.: (...) von der ganzen AG hab ich auch gelernt, dass man gleich nich' auf eine Person zugehen soll, und zwar, erst mal sich zurückhalten soll, und dann weil wenn man... gleich auf die Person zugeht, dann kriegt man ja eigentlich den ganzen Ärger, weil der die andere Person, die macht dann ja gar nix und dann kriegt die Person ja gar kein Ärger (...) (S. 98, Z. 44-48)

Ob sie hier neben ihrem Motiv, Ärger für sich zu vermeiden, GFK auch als Möglichkeit sieht, dass auch andere „Ärger kriegen" (z.B. im Sinne einer gerechten Behandlung durch Lehrer), lässt sich nicht abschließend sagen.

Schließlich sieht M. die GFK als Möglichkeit, einen etwaigen Kontrahenten durch eine Mischung aus Ignorieren, Warten und direkter Ansprache zur Selbstreflexion zu bringen, damit dieser sich anschließend bei ihr entschuldigt. Auf die Frage, ob sich ihr tatsächlicher Umgang mit alltäglichen Streitsituationen in ihrer Klasse, der Familie oder mit Freunden verändert habe, antwortet sie folgendermaßen:

> M.: (...) ich lass die Person einfach links liegen stehen und sag einfach, „Kuck dich mal selber an", und dann geh ich einfach weiter und dann wart ich, bis die Person selber

mal ankommt und sagt, „Hier, Entschuldigung, ich, es tut mir leid. Ich hab 'n Fehler gemacht." Weil wenn die Person einen Fehler gemacht hat, dann geh ich nich' dahin, und zwar ich warte bis die Person kommt und sagt „Entschuldigung, ich hab das und das gemacht." (S. 99, Z. 84-90)

Außerdem spricht M. direkt von den – in der AG durch eine Gefühlssonne nahe gebrachten – Gefühlen sowie den Bedürfnissen eines Menschen und erklärt den Prozess der GFK im Zusammenhang mit diesen GFK-Begriffen anhand des Beispiels „Streit":

> M.:   Und wir ham dann halt noch so (…) was Ähnliches wie 'ne Gefühlssonne gehabt. (…) Da war'n halt ganz viele Wörter drum rum, wie zum Beispiel wie man sich fühlt: traurig, glücklich und dann sollten wir uns zu einer Zeit wieder zurückkehren, wo wir… unsern größten Streit hatten und dann sollten wir dazu 'nen Wort finden, wie man sich in dem Moment gefühlt hat. Und dann hatten wir au noch, ähm, was ein Mensch braucht, und zwar, ähm, wenn man jetzt in einem Streit is, dass man dann ganz schnell braucht is zwä vielleicht Respekt oder, ähm, Luft, Nahrung, Spaß und so, was man dann halt am meisten braucht. (S. 97-98, Z. 29-38)

6.2.1.2.   Bewertung des Arbeitsprozesses

Am meisten Spaß haben M. das Basteln und der Umgang mit der Gefühlssonne gemacht. Die Gefühlssonne diente in der AG als Hilfsmittel zum Umgang mit und Ausdruck von Gefühlen. Beides würde sie auch gerne nochmal machen:

> M.:   (…) ich würd… das Basteln noch einmal gerne machen und das… mit der Gefühlssonne, würd ich das noch einmal gerne machen. (S. 101, Z. 140-141)

M. bewertet den Arbeitsprozess sehr positiv, gerade auch im Hinblick auf ihre eigene Lernerfahrung was Konflikte angeht.

> M.:   Also, mir hat's sehr doll gefallen, weil mir das auch geholfen hat. (S. 98, Z. 55)
>
> M.:   Also, ich hab daraus gelernt, dass ich, äh, was mir ganz doll geholfen hat, is, wenn ich einen Streit hab, dass ich auf die Person nich' gleich nich' zugehen soll (…) (S. 99, Z. 67-69)

Dabei betont sie die Wichtigkeit der Haltung der gesamten AG-Leitung für ihren Lernfortschritt:

> M.:   Also ich fand, dass das Frau K. und dass W. und dass M., dass die das ganz gut gemacht haben. Also, d die war'n richtig geduldig un, die ham gleich nich angefing… angefang zu schreien oder sonst wie was, aber was ich auch noch ganz gut fand von den, mhm, die war'n (…) geduldig, und die sind nicht ausgerastet, und die

ham das irgendwie so erklärt, dass man das auch versteht und dass man das auch verstehen will, irgendwie. (S. 100, Z. 116-123)

M. vergleicht hier eine für sie sehr positive Lernerfahrung – geduldiger Umgang, man will das „irgendwie" verstehen – mit für sie schwierigen Erfahrungen – Schreien, Ausrasten –, die bei ihr eher Unlust und Nicht-verstehen-Wollen hervorrufen. Sie konkretisiert das am Beispiel der Schulleitung:

M.: Weil manchmal, wenn sagen wir mal die Schulleitung sagt, „du musst das jetzt machen", dann hat man ja keine Lust darauf, das zu verstehen (…). (S. 100, Z. 123-125)

Negativ empfand sie manchmal Unterbrechungen, da sie vom Lernen abhielten.

M.: (…) aber was mir manchmal nich' gefallen hat, dass manche Kinder in der Gruppe gestört ham, so dass…, dass wir viel unterbrechen mussten, aber wenn wir jetzt nicht immer viel unterbrechen müssten, dann wäre das bestimmt 'ne halbe Stunde, also wenn man die ganze Zeit zusammen machen würde und dann würden wir eigentlich noch mehr lernen (…). (S. 98, Z. 55-60)

Im Widerspruch zu dieser Bewertung der Störungen könnte stehen, was M. direkt anschließt (Zitat s.u.). Denn möglicherweise bezieht sich ihre nachfolgende Äußerung insbesondere auf die zuvor bemängelten Störungen, die sie dann doch auch lustig fand und Spaß daran hatte. Das Wort „eigentlich" und ihr Nachsatz „und daraus hat man auch vieles gelernt" legen diese Interpretation nahe und deuten auf eine gewisse Ambivalenz in M.s Konflikterleben hin:

M.: (…) aber mir hat das eigentlich auch ganz Spaß gemacht. Das war lustig und daraus hat man auch vieles gelernt. (S. 98, Z. 60-62)

6.2.1.3. Kennen der Bedeutung der GFK-Begriffe

M. kennt die Begrifflichkeit der Gefühlssonne und verbindet diese auch mit der Möglichkeit, Gefühle auszudrücken:

M.: Da hatten wir immer so 'ne Gefühlssonne. Da war'n halt ganz viele Wörter drum rum, wie zum Beispiel wie man sich fühlt: traurig, glücklich (…). (S. 98, Z. 30-32)

Zudem kennt sie den Begriff „Bedürfnisse" und verknüpft ihn mit dem, was jemand fühlt und braucht:

M.: (…) sollten wir uns auch noch selber Bedürfnisse finden, wie man sich fühlt und wie man… was man braucht, also, was man am meisten braucht. (S. 98, Z. 41-43)

Für das, „was ein Mensch braucht", nennt sie auch noch einige Beispiele:

> M.: (…) was ein Mensch braucht, und zwar, ähm, wenn man jetzt in einem Streit is, dass man dann ganz schnell braucht is zwä vielleicht Respekt oder, ähm, Luft, Nahrung, Spaß und so, was man dann halt am meisten braucht. (S. 98, Z. 35-38)

M. erwähnt die Begrifflichkeit der Konfliktklärung:

> M.: dass man das dann halt mit der Person klärt und dass man gleich nich' auf die Person losgeht. (S. 97, Z. 28-29)

Da die Konfliktklärung laut Konzeption des AKE e.V. Vlotho jedoch Kenntnis und Umsetzung der 4 zentralen Schritte Beobachtung, Gefühl, Bedürfnis und Bitte beinhaltet und sogar noch weit darüber hinausgeht, ist anzunehmen, dass ihr Verständnis in diesem Zusammenhang eher rudimentär ist.

Auf weitere Kenntnisse von GFK-Begriffen wie Beobachtung, Empathie und Bitte finden sich keine Hinweise.
Die AG-Leiterin Frau K. hatte aufgrund der geringen Aufmerksamkeitsspanne und der vielfältigen Störungen und Konflikte zwischen den Kindern und mit der Gruppenleitung die Arbeit auf die GFK-Schritte Gefühl und Bedürfnis beschränkt und die anderen Schritte außen vor gelassen.

6.2.1.4. Bewusstsein für die vier zentralen Schritte der GFK

M. hat ein Bewusstsein für die beiden Schritte Gefühl und Bedürfnis, die sie auch umgehend miteinander verknüpfen kann. Sie kennt verschiedene Ausdrücke für Gefühle und kann verschiedene Bedürfnisse benennen, verfügt also über einen passiven Wortschatz, wie in der Konzeption des AKE e.V. Vlotho beschrieben. Inwieweit sie im Alltag Gefühle anderer oder auch ihre eigenen Bedürfnisse wahrnimmt, lässt sich aus dem vorliegenden Interview nicht ableiten.

> M.: Da hatten wir immer so 'ne Gefühlssonne. Da war'n halt ganz viele Wörter drum rum, wie zum Beispiel wie man sich fühlt: traurig, glücklich und dann sollten wir uns zu einer Zeit wieder zurückkehren, wo wir… unsern größten Streit hatten und dann sollten wir dazu 'nen Wort finden, wie man sich in dem Moment gefühlt hat. Und dann hatten wir au noch, ähm, was ein Mensch braucht, und zwar, ähm, wenn man jetzt in einem Streit is, dass man dann ganz schnell braucht is zwä vielleicht Respekt oder, ähm, Luft, Nahrung, Spaß und so (…). (S. 98, Z. 30-38)

M.:   (…) und dass wir sa sagen sollten, wie wir uns da in dem Moment gefühlt haben, und, ähm, …dann…sollten wir uns auch noch selber Bedürfnisse finden, wie man sich fühlt und wie man…was man braucht (…). (S. 98, Z. 40-43)

M. verbindet hier Gefühl und Bedürfnis, wie das auch die GFK propagiert.

Hinweise auf M.s Umgang mit dem Schritt Beobachtung im Sinne von Selbstbeobachtung (z.B. wahrnehmen, dass man gestresst ist) und beobachteten Folgen bisherigen Verhaltens (Ärger kriegen) könnten in ihren Aussagen zum Konfliktverhalten enthalten sein:

M.:   Also wir ham gelernt, dass man gegenüber, wenn man, wenn man jetzt gestresst ist, dass man gegenüber gleich nicht ausrasten soll, dass man dann halt vernünftig darauf reagieren soll, wie zum Beispiel wenn jetzt sagen wir mal einer…zu mir sagt „fick dich", dann soll man gleich nich' losgehen, sondern ersma' schön ruhig bleiben, und ersma' nach paar Tagen, wenn man beruhigt ist, dass man das dann halt mit der Person klärt und dass man gleich nich' auf die Person losgeht. (S. 97, Z. 23-29)

M.:   Also, ich hab daraus gelernt, dass ich, äh, was mir ganz doll geholfen hat, is, wenn ich einen Streit hab, dass ich auf die Person nich' gleich nich' zugehen soll, das hat mir geholfen, weil ich wusste genau, was dann passiert, weil ich wusste dann zum Beispiel nicht, wenn man, wenn man gleich zuschlägt, dass ich dann den meisten Ärger kriege, zum Beispiel das wusste ich nich', und das hab ich gelernt. (S. 99, Z. 67-72)

M. hat eine offenbar neue Strategie im Umgang mit Konflikten erlernt, ein Verhalten, dass sie anwenden soll, um Ärger zu vermeiden – was ihr offenbar ein Bedürfnis ist: Ruhig bleiben, nicht ausrasten, nicht zuschlagen, ausweichen, abwarten, erst später klären, wenn überhaupt. Einen Hinweis auf optionale Strategien, wie dies im didaktischen Konzept des AKE e.V Vlotho vorgesehen ist, findet sich nicht.

Inwieweit M.s Verständnis hier ein Bewusstsein für den Schritt Beobachtung in Abgrenzung zu Vermutungen und Interpretationen darstellt, ist zu hinterfragen, denn sie interpretiert die Geschehnisse vor dem Hintergrund von erlerntem, angeblichen Wissen und interpretiert diese als Determinanten für die Gegenwart: Wenn sie zuschlage, folge daraus der meiste Ärger, das habe sie bisher nicht gewusst, aber das habe sie jetzt gelernt.

Auf ein Bewusstsein des Schrittes der Bitte im Sinne der GFK finden sich im Interview keine Hinweise.

6.2.2. Nachhaltigkeit: Gibt es Hinweise auf eine nachhaltige Übertragung der GFK in Alltagssituationen?

6.2.2.1. Vorher-/Nachheraussagen zum GFK-Projekt

M. betont von sich aus immer wieder den Lerneffekt der GFK-AG für sich:

> M.: Also, ich hab daraus gelernt, dass ich, äh, was mir ganz doll geholfen hat, is, wenn ich einen Streit hab, dass ich auf die Person nich' gleich nich' zugehen soll, das hat mir geholfen, weil ich wusste genau, was dann passiert, weil ich wusste dann zum Beispiel nicht, wenn man, wenn man gleich zuschlägt, dass ich dann den meisten Ärger kriege, zum Beispiel das wusste ich nich', und das hab ich gelernt. (S. 99, Z. 67-72)

Die Frage, ob sie mit Streits nun anders umgehe, beantwortet sie klar und schildert ihr neu erlerntes Verhalten:

> M.: Ich geh' damit anders damit um. Und zwar ich benutz mein Kopf dafür und renn gleich au nich' zur Lehrerin oder renn oder schläg schlag gleich nich' zu oder mach sonst wie was, ich lass die Person einfach links liegen stehen und sag einfach, „Kuck dich mal selber an", und dann geh ich einfach weiter und dann wart ich, bis die Person selber mal ankommt und sagt, „Hier, Entschuldigung, ich, es tut mir leid. Ich hab 'n Fehler gemacht." Weil wenn die Person einen Fehler gemacht hat, dann geh ich nich' dahin, und zwar ich warte bis die Person kommt und sagt „Entschuldigung, ich hab das und das gemacht". (S. 99, Z. 82-90)

Offenbar bietet die GFK M. eine Möglichkeit, Ärger zu vermeiden bzw. eventuell gerechter auf die Kontrahenten zu verteilen. Während ihr Verhalten vorher wohl impulsiv (hingehen, schlagen) war, „benutzt sie jetzt ihren Kopf". Ihr Verhalten scheint nun rationaler und kognitiver bestimmt zu sein, dafür weniger emotional und impulsiv.

In ihrer Aufforderung „Kuck dich mal selber an" äußert sich allerdings ein vermutlich aggressiver Impuls, wenn auch nicht mehr in Form von körperlicher Gewalt, so als sehr konkrete Aufforderung – im Gegensatz zur von der GFK erwünschten Bitte – zur Selbstreflexion. Ihr vermutliches Bedürfnis, dass die andere Person sich entschuldigen und zu ihrem Fehler bekennen solle, kann oder will sie anscheinend nicht artikulieren. Stattdessen reagiert sie mit der auch schon unter 6.2.1.1. beschriebenen Mischung aus Aufforderung (s.o.), Ignoranz (links liegen lassen) und Warten auf eine Entschuldigung.

6.2.2.2. Aussagen zur Empathiefähigkeit und zum Umgang mit Konflikten

Empathie im Sinne des didaktischen Konzeptes des Projektes „Ahimsa – GFK für Kinder und Jugendliche" des AKE e.V. Vlotho für die Altersgruppe 10/11 wird unter anderem definiert als: Aktives Zuhören üben, Vermutungen anstellen, wie sich andere in bestimmten Situationen fühlen und was sie brauchen und diese danach fragen. Außerdem sollen Bewertungen, Vorwürfe und Schuldzuweisungen in Gefühle und Bedürfnisse übersetzt werden und die Fähigkeit trainiert werden, sich in andere hineinzuversetzen. Schließlich soll Selbsteinfühlung bei Wut geübt werden, um damit verbundene Gefühle und Bedürfnisse artikulieren zu können. Die eigene Erregung soll dazu auf einer Skala eingeschätzt werden. Letzteres zumindest wurde in der AG auch wiederholt durchgeführt.

M. zeigt, dass sie sich vorstellen kann, was ein Mensch in einer bestimmten Situation (Streit) braucht:

> M.: (…) und dann sollten wir uns zu einer Zeit wieder zurückkehren, wo wir… unsern größten Streit hatten und dann sollten wir dazu 'nen Wort finden, wie man sich in dem Moment gefühlt hat. Und dann hatten wir au noch, ähm, was ein Mensch braucht, und zwar, ähm, wenn man jetzt in einem Streit is, dass man dann ganz schnell braucht is zwä vielleicht Respekt oder, ähm, Luft, Nahrung, Spaß und so (…). (S. 98, Z. 32-38)

Respekt, Luft zum Atmen (statt dicker Luft), Nahrung bzw. Spaß zu haben, sind durchaus Bedürfnisse, die einem Streit zugrunde liegen oder eine Lösung in einem Konflikt darstellen können.

Ihr Verständnis für den anderen in tatsächlichen Streitsituationen scheint aber nicht so stark ausgeprägt sein, die Frage der Schuld hingegen spielt eine große Rolle:

> M.: (…) ich lass die Person einfach links liegen stehen und sag einfach, „Kuck dich mal selber an", und dann geh ich einfach weiter und dann wart ich, bis die Person selber mal ankommt und sagt, „Hier, Entschuldigung, ich, es tut mir leid. Ich hab 'n Fehler gemacht." Weil wenn die Person einen Fehler gemacht hat, dann geh ich nich' dahin, und zwar ich warte bis die Person kommt und sagt „Entschuldigung, ich hab das und das gemacht". (S. 99, Z. 84-90)

Die Selbstverständlichkeit, mit der M. eine Entschuldigung erwartet, zeigt, dass sie hier wenig empathisch für den anderen ist und „Bewertungen, Vorwürfe und Schuldzuweisungen" nicht in „Gefühle und Bedürfnisse" und schließlich Bitten übersetzt (didaktisches Konzept des AKE e.V. Vlotho).

M. scheint ihre Erregung nun insoweit einschätzen zu können, dass sie mit der Klärung eines Konfliktes warten kann, bis sie ruhiger ist. Dies formuliert sie zunächst theoretisch (was man tun soll), unterfüttert es aber auch mit einem eigenen Beispiel:

> M.: Also wir ham gelernt, dass man gegenüber, wenn man, wenn man jetzt gestresst ist, dass man gegenüber gleich nicht ausrasten soll, dass man dann halt vernünftig darauf reagieren soll, wie zum Beispiel wenn jetzt sagen wir mal einer... zu mir sagt „fick dich", dann soll man gleich nich' losgehen, sondern ersma' schön ruhig bleiben, und ersma' nach paar Tagen, wenn man beruhigt ist, dass man das dann halt mit der Person klärt und dass man gleich nich' auf die Person losgeht. (S. 97, Z. 23-29)
>
> M.: Ich geh' damit anders damit um. Und zwar ich benutz mein Kopf dafür und renn gleich au nich' zur Lehrerin oder renn oder schläg schlag gleich nich' zu oder mach sonst wie was, ich lass die Person einfach links liegen stehen und sag einfach, „Kuck dich mal selber an", und dann geh ich einfach weiter und dann wart ich (...) (S. 99, Z. 82-86)

Ihren neuen Umgang beschreibt sie dabei selbst als eher rational und kognitiv („ich benutz mein Kopf dafür").

M. scheint also Selbsteinschätzung bei Wut gelernt zu haben und nun zu wissen, dass sie nicht mehr unbedingt zuschlagen muss oder will. Für ihr Bedürfnis, „keinen Ärger zu kriegen" hat sie ein neues, vermeidendes Verhalten erlernt, dass sie zeigen soll. Es scheint sich dabei zunächst eher um ein von ihr erwünschtes Verhalten zu handeln, als um ein aus ihren Bedürfnissen selbst geborenes. Ich vermute zudem, dass es bei diesem Verhalten um den aus einer Schlägerei resultierenden Konflikt mit Dritten gehen könnte, also Lehrpersonen, weniger um M.s tatsächliche Bedürfnisse im ursprünglichen Streit. Natürlich ist es möglich, dass M.s ursprüngliches und tiefstes Bedürfnis in Streitsituationen von vorneherein „kein Ärger kriegen" ist. Ich bezweifle das jedoch.

> M.: (...) von der ganzen AG hab ich auch gelernt, dass man gleich nich' auf eine Person zugehen soll, und zwar, erst mal sich zurückhalten soll, und dann weil wenn man... gleich auf die Person zugeht, dann kriegt man ja eigentlich den ganzen Ärger, weil der die andere Person, die macht dann ja gar nix und dann kriegt die Person ja gar kein Ärger (...) (S. 98, Z. 44-48)

Dennoch ist M. selbst momentan sehr zufrieden mit dieser für sie neuen Erkenntnis, die man mit „Weniger/nicht schlagen = weniger Ärger" in eine Formel gießen könnte:

> M.: Also, ich hab daraus gelernt, dass ich, äh, was mir ganz doll geholfen hat, is, wenn ich einen Streit hab, dass ich auf die Person nich' gleich nich' zugehen soll, das hat mir geholfen, weil ich wusste genau, was dann passiert, weil ich wusste dann zum Beispiel

nicht, wenn man, wenn man gleich zuschlägt, dass ich dann den meisten Ärger kriege, zum Beispiel das wusste ich nich', und das hab ich gelernt. (S. 99, Z. 67-72)

6.2.2.3. Aussagen zur persönlichen Weiterentwicklung

M. betont immer wieder ihre persönlichen Lernfortschritte vor allem im Zusammenhang mit Konfliktsituationen (belegende Zitate siehe dazu unter 6.2.2.2). Sie stehen für sie im Zentrum ihrer persönlichen Weiterentwicklung. Besonders im schulischen Rahmen, in dem die AG ja stattfand, vielleicht sogar neu, scheint für sie die Erfahrung zu sein, dass man etwas lernen will:

> M.: Weil manchmal, wenn sagen wir mal die Schulleitung sagt, „du musst das jetzt machen", dann hat man ja keine Lust darauf, das zu verstehen (…). (S. 100, Z. 123-125)

M. spricht hier im Prinzip von ihrer eigenen Motivation, die sie noch nicht so recht einzuordnen weiß: Man wollte das „irgendwie". Sie sieht aber einen Zusammenhang mit der Haltung der AG-Leitung:

> I.: Und kannst du, kannst du sagen, woran das lag?
> (…)
> I.: Dass du das bei denen wolltest und bei anderen nicht?
> M.: Ja, ich weiß nich', die war, die ham's einfach so nett gesagt, un…ja, die ham's einfach nur so nett gesagt und auch lustig erzählt. (S. 100, Z. 129-133)

M. hat eine neue Strategie, ein neues Schema im Umgang mit Konflikten erlernt, wie auch oben schon mehrfach beschrieben:

> M.: (…) ich geh anders damit um. Und zwar ich benutz mein Kopf dafür (…) schlag gleich nich zu (…), lass die Person links liegen stehen und sag einfach „Kuck dich mal selber an" und dann geh ich einfach weiter und dann wart ich, bis die Person selber mal ankommt (…) (S. 99, Z. 82-86)

6.2.2.4. Bewusstsein für die Sinnhaftigkeit der GFK im Alltag

Zwar erzählt M. zunächst sehr wertungsfrei von dem, was sie in der AG durchgeführt und gelernt habe und was sie machen solle. Bald wird aber klar, dass sie durchaus einen Sinn hinter dem Erlernten für sich wahrnimmt: Ärger vermeiden steht für sie dabei sehr im Vordergrund (siehe vielfältige und einschlägige Zitate oben). Nachrangig geht es ihr darum, dass sich jemand bei ihr entschuldigen solle (siehe ebenfalls Zitate oben). Die Möglichkeit, einen Konflikt mit einer Person zu klären, ohne dass daran ihre Erwartungen „Ärger vermeiden" und „Schuldeingeständnis des Kontrahenten" geknüpft werden, benennt sie zumindest in der Theorie:

M.: (…) dann soll man (…) ersma' schön ruhig bleiben, und (…) wenn man beruhigt ist, dass man das dann halt mit der Person klärt (…) (S. 97, Z. 26-28)

Ob sie dieses theoretisch erlernte Wissen als sinnhaft für ihren Alltag empfindet, lässt sich nicht erkennen.

6.2.3. Einschätzung der Projektdurchführung

6.2.3.1. Erfüllte und enttäuschte Erwartungen

M. berichtet davon, dass ihr die AG gefallen habe, sowie immer wieder von ihren Lernprozessen. In diesem Zusammenhang erwähnt sie von sich aus zweimal, dass ihr das geholfen habe:

M.: Also, mir hat's sehr doll gefallen, weil mir das auch geholfen hat. (S. 98, Z. 55)
M.: Also, ich hab daraus gelernt, dass ich, äh, was mir ganz doll geholfen hat, is, wenn ich einen Streit hab (…) (S. 99, Z. 67-68)

Nicht gefallen haben ihr Störungen anderer Kinder, wobei mit diesen eine gewisse ambivalente Haltung einherzugehen scheint.

Auf die Frage, ob M. mit den AG-Leitern/innen zufrieden sei, antwortet sie:

M.: Ja, ich find das eigentlich auch ganz gut, die waren auch ganz nett, aber was ich schade fand, dass eine Frau, die h heißt S., das ist die Frau von W., die wollte eigentlich auch kommen, aber dass nich' kommen konnte, das fand ich schade. (S. 99, Z. 93-96)

Es wird nicht klar, weshalb M. hier eine gewisse Enttäuschung zeigt und was sie sich von S. erwartet hätte. Ich weiß nicht, ob sie sie überhaupt kannte. Möglich wäre, dass sie sich noch eine weitere weibliche Bezugsperson neben Frau K. und den zwei Männern gewünscht hätte.

6.2.3.2. Von der Leitung vorgelebte GFK-Haltung

M. beurteilt die Haltung der Leitung von sich aus sehr positiv. Auf die Frage nach Verbesserungsmöglichkeiten für die AG findet sie viel Lob und beschreibt deren offensichtlich sehr respektvolle und wertschätzende Haltung:

M.: Mhm, nein, aber das zu dem Verbessern, da wollt ich noch was sagen: Also ich fand, dass das Frau K. und dass W. und dass M., dass die das ganz gut gemacht haben. Also, d die war'n richtig geduldig un, die ham gleich nich angefing... angefang zu schreien oder sonst wie was, aber was ich auch noch ganz gut fand von den, mhm, die war'n, die war'n gedul, ja die war'n geduldig, und die sind nicht ausgerastet, und die ham das irgendwie so erklärt, dass man das auch versteht und dass man das auch verstehen will, irgendwie. (S. 100, Z. 116-123)

Auf meine Nachfrage hin, ob sie sagen könne, woran das liege, antwortete M. wie folgt:

M.: Ja, ich weiß nich', die war, die ham's einfach so nett gesagt, un... ja, die ham's einfach nur so nett gesagt und auch lustig erzählt. (S. 100, 132-133)

Dennoch berichtet M. im Zusammenhang mit den Lerninhalten der AG von einem erwarteten Verhalten, dass man an den Tag legen solle. Es lässt sich nicht bestimmen, ob hier die AG-Leitung vielleicht eigene Erwartungen, Bedürfnisse und Vorstellungen über die der Kinder gestellt hat („ihr sollt grundsätzlich so und so handeln"), oder ob M. gewohnt ist, ganz allgemein Lerninhalte – gerade am Lernort Schule – mit einer gewissen Erwartungshaltung seitens der Lehrenden zu verbinden.

6.2.3.3. Veränderungsimpulse

Auch wenn M. „im Moment" nicht noch einmal an der AG teilnehmen würde und auch keine Lust darauf hätte, weil sie viel zu tun habe, scheint sie sehr zufrieden mit der AG gewesen zu sein und wünscht sich wenig Veränderung. Allenfalls hätte sie gerne noch mehr gelernt und etwas weniger Störungen gehabt.

M.: (...) aber was mir manchmal nich' gefallen hat, dass manche Kinder in der Gruppe gestört ham, so dass..., dass wir viel unterbrechen mussten, aber wenn wir jetzt nicht immer viel unterbrechen müssten, dann wäre das bestimmt 'ne halbe Stunde, also wenn man die ganze Zeit zusammen machen würde und dann würden wir eigentlich noch mehr lernen (...). (S. 98, Z. 55-60)

Dieser Veränderungsimpuls wird durch den auch unter 6.2.1.2. beschriebenen Nachsatz jedoch etwas entkräftet:

M.: (...) aber mir hat das eigentlich auch ganz Spaß gemacht. Das war lustig und daraus hat man auch vieles gelernt. (S. 98, Z. 60-62)

6.2.4. Zusammenfassung

M. empfindet die GFK-AG als große Hilfe. Gerade im Umgang mit Konfliktsituationen hat ihr die Methode geholfen, Ärger zu vermeiden, ein für sie im Interview wichtiges und wiederkehrendes Thema. Sie hat nach eigenen Aussagen gelernt, ihre Impulse weitgehend zu kontrollieren und nicht sofort zuzuschlagen, sondern, wie sie sagt, ihren Kopf zu benutzen. So kann sie auch mal abwarten, wie die andere Person reagieren wird, anstatt unter Zugzwang zu stehen.

Ihr neu erlerntes Verhalten beschreibt sie dennoch als ein erwartetes Verhalten, dass sie an den Tag legen soll. Darin liegt eine gewisse Starrheit und Alternativlosigkeit: Den Kopf benutzen, nicht zuschlagen, schön ruhig bleiben, die andere Person ignorieren und auf eine Entschuldigung warten.

Es stellt sich die Frage, ob dieses Verhalten nachhaltig zum Erfolg führen wird, im Sinne einer Bedürfnisbefriedigung nach GFK, also ob es ihr wirklich gelingen wird, auf diese Art langfristig Ärger zu vermeiden oder damit eine Entschuldigung des anderen zu erreichen. So mag die GFK für M. momentan noch eine gute Strategie, um Ärger und Stress zu vermeiden, sein, vielleicht auch bleiben. Sie könnte aber auch Anlass für enttäuschte Erwartungen werden, wenn die von ihr so erhoffte Entschuldigung immer wieder ausbleibt, weil M.s „Kontrahent" den Fehler gar nicht bei sich sieht oder eine Entschuldigung aus anderen Gründen ablehnt.

Sie selbst bewertet ihre Entwicklung aber als positiv, erzählt wiederholt davon, wie ihr das geholfen habe, was man in der AG gemacht habe. Und letztlich ist das ja ausschlaggebend für sie, aber auch für ihre Bereitschaft, sich weiterzuentwickeln.

was uns wichtig ist ...

6.3. Interview mit R., weiblich, 13 Jahre, Hauptschule

1   I.:   Bist du aufgeregt?

2   R.:   Ja.

3   I.:   Ja, brauchst du gar nicht. Es kommt wirklich nicht drauf an, irgendwie,
4   dass du irgendwas besonders Schlaues oder so was sagst, sondern einfach
5   nur das, was dir, was dir jetzt so einfällt. Ja?

6   R.:   Ja.

7   I.:   (lacht) Okay! Also, ähm, du hast ja bei dem, bei dem − kuckst du, was auf
8   der Rückseite is?

9   R.:   Ja. (lacht)

10   I.:   Ja, hab ich die Karte hier draufgezeichnet, weil ich musste vorher die Frau
11   K. treffen (R.: Ja.) und damit ich überhaupt weiß, wo die Frau K. is (R.:
12   Achso) hab ich 'n kleinen Plan von Vlotho (R.: Achso) draufgemalt. (lacht)
13   Okay.

14   I.:   Ähm, okay. Du hast ja bei, bei der AG jetzt mitgemacht, gewaltfreie
15   Kommunikation. (R.: Ja) Und ähm, erzähl doch mal, was ihr da so alles
16   gemacht habt, (sehr leise) nochmal. Also alles, was dir einfällt.

17   R.:   Wir ham über meine Probleme in der Familie gesprochen, das fand ich gut.
18   wir ham, ähm Konflikte, damit ham wir uns auseinandergesetzt, ja. Wir
19   haben uns alle gut verstanden.

20   I.:   Mhm, und ähm, wie hat dir des gefallen, was ihr gemacht habt? Bei der
21   Familie hast du's ja schon gesagt, dass des dir gut gefallen hat, dass ihr da-
22   rüber geredet habt.

23   R.:   Ja, das hat mir gut gefallen, aber was mir nicht so gut gefallen is, dass ähm,
24   wenn's Streit gab, dass man das nicht immer so gut klären konnte, weil
25   Frau K. dann auch hilflos war.

26   I.:   Mhm. Und, ähm, hat dir irgendwas besonders Spaß gemacht?

27   R.:   Ja, wo Frau K., ähm mit mir geredet hat, über meine Familie.

28   I.:   Mhm, und, ähm, hast du dabei auch was gelernt oder was Neues erfahren?

29   R.:   Ja, ich hab schon gedacht: man, was ist das, ähm cool, wo ich hierhin ge-
30   kommen bin, das erste Mal hab ich auch erst gedacht, wollt ich mich grad
31   schlagen, aber da hab ich an Frau K. gedacht, wo sie mir das beigebracht
32   hat mit der Gefühlssonne und so, mit den Konflikten, und dann hab ich ein-
33   fach mal nicht drauf gehört, was die anderen gesagt haben.

114

34	I.:	Mhm. (Pause) Und das war neu für dich?
35	R.:	Ja.
36	I.:	Mhm. Ähm, und wenn's jetzt mal Streit gibt in, in deiner Klasse oder in der
37		Familie oder mit deinen Freunden, gehst du anders damit um?
38	R.:	Also, was Frau K. mir gesagt hat, hilft mir ganz gut, aber es hilft trotzdem
39		nicht, dass ich nicht mehr so ähm brutal bin oder nicht mehr so schlage
40		oder so, so hilft mir das nicht so viel.
41	I.:	Mhm.
42	R.:	Es hilft mir schon, aber nicht so viel.
43	I.:	Mhm. Und ähm, wenn du sagst es hilft dir schon, kannst du ähm, kannst du
44		sagen, was du dann zum Beispiel anders machst, oder was vielleicht auch
45		anders passiert, oder…
46	R.:	Öhm,…wenn ich zum Beispiel 'n Streit hab zum Beispiel einer sagt zu mir:
47		Schlampe, dann will ich dem sofort eine reinhauen, aber dann geh ich,
48		ähm, denk ich erst mal nach, ja, und das hat Frau K. mir auch beigebracht,
49		hör gar nicht auf den, denk in Inneren was die und sonst hab ich immer nur
50		in ähm, mir gedacht, ähm was ähm ist das für 'n Idiot und hab den eine
51		reingehauen, aber jetzt mach ich das – fast – nicht mehr, aber, kommt
52		schon noch mal vor.
53	I.:	Mhm, und, und was machst du dann, das interessiert mich grad nochmal,
54		wenn du gesagt du hast, du hörst dann (ab hier parallel R.) ins Innerer rein.
55	R.:	Also ich hör dann, ja ins Innere rein, also ich höre, ähm, dann vor mir, was
56		er gesagt hat, aber ich hör dann, ähm, da gar nich', ich hör das zwar, aber
57		ich hör nicht auf ihn und dann ignorier ich ihn.
58	I.:	Mhm, okay. Und damit geht's dir gut?
59	R.:	Ja.
60	I.:	Mhm. Ähm und, äh, findest du das gut, das Frau K., W. und M. das Projekt
61		gemacht haben? Ich mein, ähm, W. ist ja jetzt nicht mehr dabei, aber (R.:
62		Ich find's) den hast du ja bestimmt auch erlebt.
63	R.:	Ja, ich find's schade, dass W. des andere gegangen ist, ich find's aber auch
64		gut für seine Firma,… das find ich schon mal gut, und dann mit Frau K.
65		das hat mir sehr viel Spaß gemacht, find's auch nett, dass sie uns allen so
66		ähm 'ne Bescheinigung gibt und so 'nen Ball, fand ich auch sehr nett von
67		ihr, und dass sie und dass auch zurücklegt und dass sie sich extra die Mühe

68		gemacht hat, in so 'nen Programm zu gucken, oder die Firma von ihr. Ja,
69		und, ähm…was ich ähm…ja M., M ist erst drei Wochen später gekommen,
70		aber der hat mir auch sofort gefallen. Ich hab mich immer gewundert, wa-
71		rum er immer gebetet hat, und dann hat er mir's erklärt, das fand ich cool.
72	I.:	Mhm (lacht). Und, ähm, hättest du, hättest du Lust es nochmal mitzuma-
73		chen, des Projekt Gewaltfreie Kommunikation?
74	R.:	Ja, aber dann würd ich auch mal gern was anderes lernen, also schon das
75		gleiche nochmal, aber nicht dass es mit gleichen Themen ist, was wir im-
76		mer zusammengefasst haben.
77		(Unterbrechung, da R. Bus sieht)
78	I.:	Ähm, jetzt muss ich grad nochmal nachdenken, du hast zuletzt gesagt, dass
79		du dann auch (R.: mit M. viel Spass) Genau, dass du viel Spaß hattest und
80		dann hatt ich dich gefragt, ob du's nochmal machen würdest (R.: Ja) und da
81		hattest du gesagt, ja, aber dann würd'st du gern andere Sachen…machen
82	R.:	Ja, dann würd' ich auch zwar nochmal das gewaltfreie Kommunikation
83		mitmachen (I.: Mhm) Aber ich würd dann auch viel mehr, das mit dem
84		Basteln und C. so kindisch, in so'm Alter bin ich nicht mehr. Ich bin 13
85		Jahre alt, da möchte ich schon was Richtiges lernen. Ich will ja irgendwann
86		mal was werden.
87	I.:	Mhm, also hat dir was gefehlt, bei dem Projekt, wenn du sagst, dass mit
88		dem Basteln… (R.: Ja…) …ist nicht so deins?
89	R.:	… mir hast das nicht mit dem Basteln nicht so ganz gefallen, weil ich woll-
90		te eher ähm, noch mehr lernen.
91	I.:	Mhm. Okay, und hast du, hast du noch mehr Ideen, 'n paar Sachen hast du
92		ja jetzt schon gesagt, was man noch besser machen könnte? Oder noch an-
93		dere Ideen, was dir einfällt?
94	R.:	Ich versteh das nicht, was du jetzt meinst.
95	I.:	Mmmm. Okay, dann versuch ich nochmal anders zu fragen. Ähm, du hast,
96		du hast ja gesagt, so das mit dem Basteln hat dir nicht so gefallen und dann
97		hast du gesagt, dass du vielleicht noch ähm noch andere Sachen machen
98		würdest, also nicht immer das gleiche, wenn ich das richtig verstanden
99		hab? (R.: Ja) Genau, und das sind ja schon Ideen, dass du sagst: oh, ich will
100		mehr Abwechslung, zum Beispiel, oder halt nicht Basteln, sondern noch
101		mehr lernen. (R.: Ja) Und jetzt frag ich dich, ob dir vielleicht noch mehr
102		einfällt, was du, was du gerne würdest, wenn, also, wo du so sagen wür-

116

103		dest: Hey, ich mach nochmal mit, Frau K., aber das nächste Mal mach
104		doch des uns des und des noch.
105	R.:	Ja, das nächste Mal will ich auch mal eine Pause für uns, aber hatten wir ja
106		auch, aber ähm dann nich', ähm, sofort immer basteln, dann würd ich dann
107		auch gerne mit so 'ner Gefühlssonne, das hat mir gut gefallen, ja (I.: Mhm)
108		aber ich würd auch mal was andres lernen.
109	I.:	Mhm, okay. Und ähm, was würdest du besonders gern nochmal machen?
110		Gibt's da was?
111	R.:	Über meine Probleme sprechen, und dass einer mir hilft dabei.
112	I.:	Mhm, Okay. Das war's schon (R.: Okay.) an Fragen, dann ähm, erst mal
113		vielen, vielen Dank (R.: Ja) für das Interview, R.. (R.: Ja) und ähm, genau,
114		dann sind wir fertig.
115	R.:	Okay.

6.4. Auswertung (Jörg Werner)

6.4.1. Kognitives und emotionales Wissen darüber, wie GFK funktioniert

6.4.1.1. Wahrnehmung und Erleben der AG

R. erlebte die AG als Möglichkeit, sich insbesondere mit Problemen in ihrer Familie auseinanderzusetzen. Dies ist auch ihre erste Antwort auf die Frage, was sie in der GFK-AG alles gemacht habe:

> R.: Wir ham über meine Probleme in der Familie gesprochen, das fand ich gut. Wir ham, ähm Konflikte, damit ham wir uns auseinandergesetzt, ja. Wir haben uns alle gut verstanden. (S. 115, Z. 17-19)

Eine gewisse Harmonie in der Gruppe zu erleben, scheint R. also wichtig zu sein. Auf die Frage, was ihr besonders viel Spaß gemacht habe, antwortet sie:

> R.: Ja, wo Frau K., ähm mit mir geredet hat, über meine Familie. (S. 115, Z. 27)

Sie hat die AG zudem als Lernort wahrgenommen, besonders in Bezug auf Konfliktsituationen:

> R.: (…) das erste Mal hab ich auch erst gedacht, wollt ich mich grad schlagen, aber da hab ich an Frau K. gedacht, wo sie mir das beigebracht hat mit der Gefühlssonne und so, mit den Konflikten, und dann hab ich einfach mal nicht drauf gehört, was die anderen gesagt haben. (S. 115, Z. 30-33)

6.4.1.2. Bewertung des Arbeitsprozesses

R. hat die AG insgesamt gut gefallen. Vor allem Raum zu haben über ihre familiären Probleme zu sprechen, gefiel ihr sehr.
Auch das Arbeiten mit der Gefühlssonne war ihr wichtig:

> R.: (…) mit so 'ner Gefühlssonne, das hat mir gut gefallen, ja. (S. 118, Z. 107)
> R.: (…) was ist das, ähm cool, (…) wo sie mir das beigebracht hat mit der Gefühlssonne (S. 115, Z. 29-32)

Sie würde auch noch einmal an der AG teilnehmen, wobei sie sich vor allem wünscht, noch mehr zu lernen.

> R.: Ja, aber dann würd ich auch mal gern was anderes lernen, also schon das gleiche nochmal, aber nicht dass es mit gleichen Themen ist (…). (S. 117, Z. 74-75)

Das Basteln hingegen hat ihr nicht gefallen, da es sie von ihrem Ziel zu lernen und „etwas zu werden" abhielt.

> R.: ... mir hast das nicht mit dem Basteln nicht so ganz gefallen, weil ich wollte eher ähm, noch mehr lernen. (S. 117, Z. 89-90)

Sie empfindet es sogar als nicht altersgemäß:

> R.: (...) das mit dem Basteln und C. so kindisch, in so'm Alter bin ich nicht mehr. Ich bin 13 Jahre alt, da möchte ich schon was Richtiges lernen. Ich will ja irgendwann mal was werden. (S. 117, Z. 83-86)

Schwierig war für R., dass sie die Leitung (Frau K.) bei Streit selbst manchmal als hilflos erlebt habe:

> R.: (...) was mir nicht so gut gefallen is, dass ähm, wenn's Streit gab, dass man das nicht immer so gut klären konnte, weil Frau K. dann auch hilfslos war. (S. 115, Z. 23-25)

6.4.1.3. Kennen der GFK-Begriffe

R. weiß, dass einer der Inhalte der AG war, sich mit Konflikten auseinanderzusetzen:

> R.: Wir ham, ähm Konflikte, damit ham wir uns auseinandergesetzt. (S. 115, Z. 18)

Wie weitreichend ihr Verständnis für den Begriff der Konfliktklärung nach der GFK ist, lässt sich dabei nur schwer bestimmen.
Sie kennt den Begriff der Gefühlssonne:

> R.: (...) da hab ich an Frau K. gedacht, wo sie mir das beigebracht hat mit der Gefühlssonne (...). (S. 115, Z. 31-32)

Ob sie andere Begriffe wie Beobachtung, Bedürfnis, Bitte und Empathie kennt, lässt sich aus dem Interview nicht bestimmen.

6.4.1.4. Bewusstsein für die vier zentralen Schritte der GFK

R. erwähnt den Schritt der Gefühle, der in der AG durch eine Gefühlssonne mit verschiedenen Gefühlen dargestellt war, direkt:

> R.: (...) da hab ich an Frau K. gedacht, wo sie mir das beigebracht hat mit der Gefühlssonne (...). (S. 115, Z. 31-32)
> R.: (...) dann würd ich dann auch gerne mit so 'ner Gefühlssonne, das hat mir gut gefallen. (S. 118, Z. 106-107)

Sie kennt offenbar die beiden Schritte Beobachtungen und Gefühle.

Sie beschreibt den Prozess der Beobachtung damit, dass sie geschafft habe, bei Konfliktsituationen „Beobachtungen von Vermutungen und Interpretationen zu unterscheiden": Sie ersetzt – nach eigenem Bekunden – nun altes Denken meistens durch Nachdenken (Zitat didaktisches Konzept Projekt des AKE e.V.).

> R.: (...) aber dann geh ich, ähm, denk ich erst mal nach, ja, und das hat Frau K. mir auch beigebracht, hör gar nicht auf den, denk in Inneren was die und sonst hab ich immer nur in ähm, mir gedacht, ähm was ähm ist das für 'n Idiot und hab den eine reingehauen, aber jetzt mach ich das – fast – nicht mehr (...). (S. 116, Z. 47-51)

Den Schritt der Beobachtung, zu sagen, was man sieht bzw. hört, setzt sie in Form von Selbstbeobachtung um, wendet sich dabei aber, was ihre Außenwelt angeht, von dieser ab bzw. ignoriert sie:

> R.: Also ich hör dann, ja ins Innere rein, also ich höre, ähm, dann vor mir, was er gesagt hat, aber ich hör dann, ähm, da gar nich', ich hör das zwar, aber ich hör nicht auf ihn und dann ignorier ich ihn. (S. 116, Z. 55-57)
>
> R.: (...) und das hat Frau K. mir auch beigebracht, hör gar nicht auf den (...). (S. 116, Z. 48-49)

Bedürfnis und Bitte erwähnt R. nicht.

6.4.2. Nachhaltigkeit: Gibt es Hinweise auf eine nachhaltige Übertragung der GFK in Alltagssituationen?

6.4.2.1. Vorher-/Nachheraussagen zur GFK-AG

Auf die Frage, ob R. in der AG etwas gelernt bzw. etwas Neues erfahren habe, antwortet sie folgendermaßen:

> R.: Ja, ich hab schon gedacht: man, was ist das, ähm cool, wo ich hierhin gekommen bin, das erste Mal hab ich auch erst gedacht, wollt ich mich grad schlagen, aber da hab ich an Frau K. gedacht, wo sie mir das beigebracht hat mit der Gefühlssonne und so, mit den Konflikten, und dann hab ich einfach mal nicht drauf gehört, was die anderen gesagt haben. (S. 115, Z. 29-33)

R. berichtet hier von einem Erlebnis, bei dem es ihr gelingt, sich nicht zu schlagen und sich nicht nach dem, was andere gesagt haben, zu richten. Auf Nachfrage meinerseits bestätigt sie nochmal, dass das neu für sie sei. Im Unterschied zu früher schlägt R. in Konfliktsituationen nicht sofort zu, sondern geht gedanklich in ihr „Inneres". Die AG-Leitung, Frau K., nimmt dabei immer wieder eine Schlüsselrolle in ihrem Denken ein:

> R.: (...) dann will ich dem sofort eine reinhauen, aber dann geh ich, ähm, denk ich erst mal nach, ja, und das hat Frau K. mir auch beigebracht, hör gar nicht auf den, denk in Inneren was die (...). (S. 116, Z. 47-49)

Diesen neuen Prozess beschreibt sie auf Nachfrage genauer:

> R.: Also ich hör dann, ja ins Innere rein, also ich höre, ähm, dann vor mir, was er gesagt hat, aber ich hör dann, ähm, da gar nich', ich hör das zwar, aber ich hör nicht auf ihn und dann ignorier ich ihn. (S. 116, 55-57)

Jetzt, wo R. am Ende der GFK-AG steht, würde sie, falls sie noch einmal an der AG teilnähme

> R.: (...) gern was anderes lernen, also schon das gleiche nochmal, aber nicht dass es mit gleichen Themen ist, was wir immer zusammengefasst haben. (S. 117, Z. 74-76)

Das hört sich so an, als ob sie einerseits einiges gelernt habe und deshalb auf Neues, anderes dringt, vermutlich damit sie sich nicht langweilt, andererseits möchte sie wohl einiges vertiefen bzw. wiederholen.

6.4.2.2. Aussagen zur Empathiefähigkeit und zum Umgang mit Konflikten

R. stellt wahrscheinlich Vermutungen darüber an, „wie sich andere in bestimmten Situationen fühlen und was sie brauchen" (Zitat aus dem didaktischen Konzept des AKE e.V. Vlotho zum Stichpunkt Empathie). Das zeigt sich an folgendem Beispiel.

> R.: Ja, ich find's schade, dass W. des andere gegangen ist, ich find's aber auch gut für seine Firma,... das find ich schon mal gut, und dann mit Frau K. (...), dass sie sich extra die Mühe gemacht hat, in so 'nen Programm zu gucken (...). (S. 116-117, Z. 63-68)

Inwieweit diese Form der Empathie aber im Zusammenhang mit dem Lernprozess in der AG steht, lässt sich nicht sagen.

In Konfliktsituationen die Rolle eines Konfliktpartners übernehmen und sich in diesen hineinversetzen zu können, fällt R. vermutlich schwer:

> R.: (...) ich hör das zwar, aber ich hör nicht auf ihn und dann ignorier ich ihn. (S. 116, Z. 56-57)

R. schafft es nach eigener Einschätzung allerdings, Gewalt durch ihre Erfahrungen in der AG „fast" immer zu vermeiden.

R.:   (…) sonst hab ich immer nur in ähm, mir gedacht, ähm was ähm ist das für 'n Idiot und hab den eine reingehauen, aber jetzt mach ich das − fast − nicht mehr, aber kommt schon noch mal vor. (S. 116, Z. 49-52)

6.4.2.3. Aussagen zur persönlichen Weiterentwicklung

R. erlebt sich einerseits als weniger gewalttätig, andererseits beschreibt sie an anderer Stelle im Interview eine gegensätzliche Erfahrung:

R.:   Also, was Frau K. mir gesagt hat, hilft mir ganz gut, aber es hilft trotzdem nicht, dass ich nicht mehr so ähm brutal bin oder nicht mehr so schlage oder so, so hilft mir das nicht so viel. (S. 116, Z. 38-40)

Der Zugang zu Gefühlen ist R. wichtig geworden, auch wenn sie einzelne Gefühle in diesem Zusammenhang nicht benennt:

R.:   (…) wollt ich mich grad schlagen, aber da hab ich an Frau K. gedacht, wo sie mir das beigebracht hat mit der Gefühlssonne und so, mit den Konflikten, und dann hab ich einfach mal nicht drauf gehört, was die anderen gesagt haben. (S. 115, Z. 30-33)

Sehr wichtig ist schließlich für R., etwas gelernt zu haben.

R.:   (…) wo sie mir das beigebracht hat (…). (S. 115, Z. 31-32)
R.:   (…) und das hat Frau K. mir auch beigebracht (…). (S. 116, Z. 48)

Fraglich bleibt, inwieweit sie diese Entwicklungen internalisiert hat oder ob sie eher als etwas Fremdes, von der Leiterin Frau K. Kommendes (was sie gesagt und beigebracht hat), wahrgenommen werden.

6.4.2.4. Bewusstsein für die Sinnhaftigkeit der GFK-Kommunikation im Alltag

R. begreift die GFK im Alltag als Hilfsmittel in Konfliktsituationen.

R.:   Also, was Frau K. mir gesagt hat, hilft mir ganz gut (…). Es hilft mir schon, aber nicht so viel (…), wenn ich zum Beispiel 'n Streit hab (…). (S. 116, Z. 38-46)

Ein Hilfsmittel, das sie, auch wenn es ihr momentan nur bedingt hilft, cool findet.

R.:   (…) was ist das, ähm cool, wo ich hierhin gekommen bin, das erste Mal hab ich auch erst gedacht, wollt ich mich grad schlagen, aber da hab ich an Frau K. gedacht, wo sie mir das beigebracht hat mit der Gefühlssonne und so, mit den Konflikten (…). (S. 115, Z. 29-32)

Für die Sinnhaftigkeit der Gefühle bzw. der Gefühlssonne gibt es auch noch einen zweiten Beleg. Gefragt, was R. sich für eine Fortsetzung der AG wünscht, sagt sie

R.: (…) dann würd ich dann auch gerne mit so 'ner Gefühlssonne, das hat mir gut gefallen. (S. 118, Z. 106-107)

6.4.3. Einschätzung der Projektdurchführung

6.4.3.1. Erfüllte und enttäuschte Erwartungen

R. gefiel an dem Projekt vor allem, über ihre Probleme in ihrer Familie sprechen zu können, sich mit Gefühlen auseinanderzusetzen und einen neuen Umgang mit Konflikten zu erlernen.

Enttäuscht ist R. aber von konkreten Konfliktsituationen in der GFK-AG, da sie die AG-Leitung damit überfordert sah und keine zufriedenstellende Klärung in ihrem Sinne möglich war.

R.: (…) aber was mir nicht so gut gefallen is, dass ähm, wenn's Streit gab, dass man das nicht immer so gut klären konnte, weil Frau K. dann auch hilfslos war. (S. 115, Z. 23-25)

Auch die Bastelei hat ihr, wie unter 6.4.1.2 schon erwähnt, nicht besonders gefallen, sie hätte stattdessen lieber mehr gelernt (Zitate siehe entsprechend 6.4.1.2).

6.4.3.2. Von der Leitung vorgelebte GFK-Haltung

R. berichtet davon, dass Frau K. mit ihr über ihre familiären Probleme gesprochen habe. Dies spricht sehr für einen wertschätzenden, respektvollen Umgang.

Andererseits erzählt sie, dass Frau K. ihr geraten habe, nicht auf andere zu hören:

R.: (…) und das hat Frau K. mir auch beigebracht, hör gar nicht auf den, denk in Inneren was die (…). (S. 116, Z. 48-49)

Zwar legt der Nachsatz, „denk in Inneren was die" nahe, dass es nicht um ein reines Ignorieren des anderen gehen sollte, R. hat dies aber so verstanden bzw. setzt es so um:

R.: Also ich hör dann, ja ins Innere rein, also ich höre, ähm, dann vor mir, was er gesagt hat, aber ich hör dann, ähm, da gar nich', ich hör das zwar, aber ich hör nicht auf ihn und dann ignorier ich ihn. (S. 116, Z. 55-57)

Dieses so verstandene Verhalten widerspricht natürlich dem GFK-Ideal von einer wertschätzenden, empathischen Beobachtung des anderen.

Allgemein betrachtet R. Frau K. offenbar als wichtige Lehrerin. Auch die anderen Leiter begegneten R. anscheinend offen und wertschätzend:

R.: Ich hab mich immer gewundert, warum er immer gebetet hat, und dann hat er mir's erklärt, das fand ich cool. (S. 117, Z. 70-71)

Sie sieht aber auch die Grenzen der Leiterin bzw. empfindet sie als überfordert, was
ihr nicht gefällt:

R.: (…) was mir nicht so gut gefallen is, dass ähm, wenn's Streit gab, dass man das nicht
immer so gut klären konnte, weil Frau K. dann auch hilfslos war. (S. 115, Z. 23-25)

6.4.3.3. Veränderungsimpulse

R. war es sehr wichtig, über ihre Familie, ihre Gefühle (Gefühlssonne) und Konflikte
zu sprechen. Das hätte sie gerne noch vertieft:

R.: Wir ham über meine Probleme in der Familie gesprochen, das fand ich gut (…).
(S. 115, Z. 17)
R.: (…) da hab ich an Frau K. gedacht, wo sie mir das beigebracht hat mit der Gefühlssonne und so, mit den Konflikten (…). Also, was Frau K. sagt, hilft mir ganz gut, (…)
wenn ich zum Beispiel 'n Streit hab. (S. 115-116, Z. 31-46)

Auf die Frage, was sie in der AG gerne hätte, wenn sie sich etwas wünschen dürfte,
antwortet sie dementsprechend:

R.: (…) dann würd ich dann auch gerne mit so 'ner Gefühlssonne, das hat mir gut gefallen.
(S. 118, Z. 106-107)

Am liebsten jedoch würde sie

R.: Über meine Probleme sprechen, und dass einer mir hilft dabei. (S. 118, Z. 111)

Allerdings würde sie

R.: (…) gern was anderes lernen, also schon das gleiche nochmal, aber nicht dass es mit
gleichen Themen ist, was wir immer zusammengefasst haben. (S. 117, Z. 74-76)

Sie formuliert ihre Kritik an verschiedenen Stellen so:

R.: Aber ich würd dann auch viel mehr, das mit dem Basteln und C. so kindisch, in so'm
Alter bin ich nicht mehr. Ich bin 13 Jahre alt, da möchte ich schon was Richtiges lernen. Ich will ja irgendwann mal was werden. (S. 117, Z .83-86)
R.: … mir hast das nicht mit dem Basteln nicht so ganz gefallen, weil ich wollte eher ähm,
noch mehr lernen. (S. 117, Z. 89-90)
R.: Ja, das nächste Mal will ich auch mal eine Pause für uns, aber hatten wir ja auch, aber
ähm dann nich', ähm, sofort immer basteln, dann würd ich dann auch gerne mit so 'ner
Gefühlssonne, das hat mir gut gefallen, ja (I.: Mhm) aber ich würd auch mal was and-
res lernen. (S. 118, Z. 105-108)

124

6.4.4. Zusammenfassung

R. hat von der AG „Gewaltfreie Kommunikation" sehr profitiert. Zum einen konnte sie über ihre familiären Probleme sprechen, zum anderen half ihr die Auseinandersetzung mit Gefühlen: Die Gefühlssonne als Hilfsmittel, um Gefühle ausdrücken zu können, war ihr sehr wichtig.

Was die vier GFK-Schritte Beobachtung, Gefühl, Bedürfnis und Bitte angeht, hat sie den Schritt, ihre Gefühle wahrzunehmen, sehr verinnerlicht. Den Schritt der Beobachtung setzt R. ansatzweise in Form von Selbstbeobachtung um. Das wird in Konfliktsituationen deutlich. Andere möglichst ohne Wertungen zu beobachten, sich in sie hineinzuversetzen und Vermutungen über ihre Gefühle, Bedürfnisse und Wünsche zu machen, wie im GFK-Konzept gefordert, fällt ihr allerdings äußerst schwer. Sie zieht es vor, andere zu ignorieren bzw. hat auch das Konzept der GFK so verstanden, dass man auf den anderen gar nicht hören solle. Dies scheint momentan ihre einzige Alternative zur körperlichen Gewaltanwendung (schlagen) zu sein.

Es gelingt ihr nach eigenen Aussagen, nicht mehr so viel zuzuschlagen, und zwar vor allem, indem sie nachdenkt. Sie beschreibt ihre kognitive, rationalisierende Betrachtungsweise, die ihr helfe, ihre Impulse zu kontrollieren. Es ist nicht verwunderlich, dass R. in der Folge sehr an solchen kognitiv-rationalen Vorgängen interessiert ist und eine große Wissbegier dahingehend zeigt.

Trotz aller Fortschritte, die R. auch selbst als Hilfe erlebt, hat sie immer wieder Schwierigkeiten, ihre bisherige Reaktionskette „Beleidigt werden-Zuschlagen" zu durchbrechen und ihre Impulse zu kontrollieren.

Es drängt sich der Verdacht auf, dass R. jetzt zwar verstärkt ihre Gefühle wahrnimmt, allerdings Schwierigkeiten hat, sie in daraus resultierende Bedürfnisse zu übersetzen und diese auch noch als Bitte zu formulieren.

R.s Äußerungen zu ihrem Konfliktverhalten (ignorieren) legen hier eine Diskrepanz gegenüber dem GFK-Ideal nahe. Dass sie ganz am Ende des Interviews auf die Frage, was sie besonders gern nochmal machen würde, antwortet, über ihre Probleme zu sprechen und dass ihr jemand dabei helfe, zeigt jedoch, dass sie durchaus ihre Bedürfnisse formulieren kann, aber auch, wie schwer die Probleme zu wiegen scheinen.

Da ihr Fokus sehr auf ihren persönlichen Problemen liegt, ist anzunehmen, dass sie die GFK sehr durch diese subjektive Brille eigener schwieriger Erfahrungen gesehen hat. So konnte sie einerseits daran anknüpfen, andererseits könnten ihre Probleme sie auch in ihrem Lernforstschritt immer wieder behindern und ablenken.

Laut Frau K. traf man wegen der vielfältigen Konflikte innerhalb der Gruppe und aufgrund von Disziplinschwierigkeiten verschiedene Maßnahmen: Man sei mit 3 ausgebildeten Trainern in die Gruppe gegangen, um so einerseits dem hohen Bedürfnis nach Aufmerksamkeit Rechnung zu tragen, andererseits aber überhaupt Inhalte vermitteln zu können. Außerdem seien die Anleiter verstärkt auf die Schritte Gefühl und Bedürfnis eingegangen und hätten die Kinder dazu angeregt, sich mit ihrer Selbstwahrnehmung bei Erregung zu beschäftigen und diese auf einer Skala einzuordnen (Teil der Empathie nach dem Konzept des Vereins). Die Schritte Beobachtung und Bitte fielen dadurch praktisch weg.

Dies erklärt auch zum großen Teil den momentanen Stand im Verständnis und in der Anwendung der GFK-Kommunikation R.s. Sie selbst wünscht sich ja auch, dass verstärkt auf die Gefühle eingegangen werden soll, vielleicht steckt dahinter ihr Bedürfnis, zunächst einmal darin wahrgenommen und verstanden zu werden. Gefühle nach und nach besser zu artikulieren und öfter in Bedürfnisse und Bitten übersetzen zu können, scheint eine Aufgabe für die Zukunft zu sein.

Da R. aber einen positiven Bezug zur GFK und insbesondere zu Frau K. hat, gepaart mit einem großen Wissensdurst, hat sie sicher gute Chancen, sich in diesem Sinne weiterzuentwickeln.

... und so geht die Giraffensprache:

| | Wenn ich sehe / höre / an ... denke ... | Beobachtung | Wenn du ... siehst / hörst / an ... denkst ... |

Wenn ich sehe / höre / an ... denke ...

Beobachtung

Wenn du ... siehst / hörst / an ... denkst ...

... fühl ich mich ...

Gefühl

... fühlst du dich ... ?

... weil ich ... brauche / weil mir ... wichtig ist ...

Bedürfnis

... weil du ... brauchst / weil dir ... wichtig ist ...?

... würdest du bitte ... ?

Bitte

... möchtest du... ?

7. Dialogpädagogische Reflexion über die Interviewerkenntnisse - mit Kommentaren von der GFK-Projektleitung

Im Anfang war die Evaluation, und die Evaluation war, bei Gott! und Gott war die Evaluation (frei nach Nietzsches Menschliches, Allzumenschliches)

Gewaltfreie Kommunikation wirkt. Das zeigen die vorliegenden Interviews. Und nicht nur die beteiligten Kinder und Jugendlichen lernen, sondern auch die ForscherInnen. Den meisten enthüllt sich die Zuversicht, in einem Konflikt ver-schiedene Alternativen wählen zu können! Es wird sogar eine Nachhaltigkeit festgestellt. Wie lange diese Nachhaltigkeit wirkt, wissen wir nicht. Nun werden Kritiker erwidern, jede pädagogische Praxis wirke, und jede gewaltpräventive Veranstaltung habe eine Wirkung auf die Teilnehmenden. Doch wie wirkt GFK, welche Vor- und welche Nachteile bringt diese „Methode" mit sich? Und was kann eine wissenschaftliche Begleitung in Form von qualitativen Interviews dazu sagen? Aus dialogpädagogischer Perspektive steht in erster Linie der „radikale Respekt vor der Andersheit des Anderen" im Vordergrund (vgl. Muth 2008). Das bedeutet, dass die Erkenntnisse aller Beteiligten, Beforschter wie Forscher, eine relative Wahrheit beschreiben. Niemand besitzt dabei den Anspruch auf die absolute Wahrheit. Mit anderen Worten, alle Aussagen sind subjektiv und präsentieren Meinungen und wechselseitige Erkenntnisprozesse im Kontext von Hochschule und außerschulischer Bildungsinstitution. Insofern ist auch Bescheidenheit angesagt, was eine dialogpädagogische Fremdevaluation herausfindet (vgl. Moldaschl & Schwarz 2009). Die vorliegenden Interviewauswertungen sollen zeigen, was bei GFK-Schulungen passiert und Kinder und Jugendliche diesbezüglich nachhaltig mitnehmen. Deswegen dürfte die wissenschaftliche Begleitung die Aktionen und Maßnahmen des Ahimsa-Projektes auch legitimieren und damit einer sozialen Rationalisierung unterziehen. Diesbezüglich könnte von Seite aktueller Wissenschaftspolitik eigentlich die Handlungsorientierung der GFK-Methodik untersucht werden. Dem gegenüber hält dialogpädagogische Forschung an ‚alten' Leitbegriffen wie ‚Erkenntnis und Bildung' fest und widerstrebt dem derzeitigen „Taylorismus der Hochschulreform und Taylorismus der Seele": „Die neuen Verhältnisse bringen also jene Subjektivität mit hervor, auf die sie sich stützen. Sie produzieren in ausreichender Zahl jene Subjekte, die das alles gut finden und sich damit arrangieren: Glasperlenspieler und Kennzeichen-Gaukler, akademische Eichhörnchen und administrative Erbsenzähler, Blockwarte der Effizienzkontrolle und all jene, für die Bildung nichts weiter ist als eine prozessoptimiert herzustellende Ware." (ebd., 419ff.) Infolgedessen orientiert sich meine dialogpädagogische Reflexion an menschlicher Angemessenheit im praktischen Feld auf dem Hintergrund der Erkenntnis, dass das Auseinandersetzen mit dem Unmenschlichen hilft, das Menschliche wahrzunehmen (vgl. Butler 2007). Auf diese Weise folge ich dem dialogphilosophischen Bildungskonzept Martin Bubers, demnach in pädagogischen Interaktionen eine Weltanschauung vermittelt wird, die das Verhältnis des Menschen zu seinen Mitmenschen und zur Welt konkret fördert (vgl. Buber 1962). Ferner gehört dazu ein Bewusstsein für Einsamkeit, Freiheit, Hören und Hören-Wollen, die eigene Biographie, Existenzängste, das authentische Gespräch und falsche und echte Lernbedürfnisse als Kontinuität der Biographie (vgl. Muth 1998). Diesbezüglich erkenne ich im didaktischen Konzept von Ahimsa und in den Interviewergebnissen folgende Übereinstimmungen:

1. Hören und Hören-Wollen

    Die Kinder und Jugendlichen – und auch die forschenden Studierenden – erweitern ihr Bewusstsein über soziale Beziehungen. Es findet eine Zunahme von Selbst- und Fremdwahrnehmungen statt, was durch Übungen in Hinblick auf das Beobachten der Anderen und das Benennen eigener Gefühle geschieht.

2. Das authentische Gespräch

    Dialogpädagogisch wird das Gespräch als echt befunden, wenn die TeilnehmerInnen vom jeweiligen Soseins des Gegenübers berührt werden. So scheinen die Interviews sehr aufrichtig von beiden Seiten geführt zu werden. Auch die Erzählungen der Kinder und Jugendlichen weisen darauf hin. Inwiefern die pädagogische Praxis im realisierten Gespräch authentisch war, zeigen die Aussagen der Kinder und Jugendlichen über die pädagogische Leitung und ihrem Interesse, erneut an einer GFK-Veranstaltung teilzunehmen.

3. Falsche und echte Lernbedürfnisse

    Das Spüren und Benennen von Bedürfnissen ist einer der zentralen Lernschritte der GFK-Methode. Dialogpädagogisch wird zudem differenziert darauf geachtet, ob die Lernenden wirklich ihre eigenen Bedürfnisse kennen und ihnen folgen und inwiefern die Lehrenden diesen Prozess fördern, ohne „fremde" Bedürfnisse, d. h. die des jeweiligen Bildungsprogramms, hegemonial zu lehren. Es ist möglich, dass eine Person im Rahmen der GFK-Veranstaltung herausfindet, dass diese Methode und ihr Lernbedürfnis nicht übereinstimmen. Dann kann es gewaltvoll sein, Gewaltfreie Kommunikation zu vermitteln. Dieser Widerspruch ist zumindest in einem der Interviews zu erkennen. Hier scheint die „die Unverfügbarkeit des Anderen" sowohl konzeptionell als auch praktisch zu wenig bedacht zu werden. Eine direkte Achtsamkeit ist diesbezüglich nicht zu finden.

Betrachte ich echte und falsche Lernbedürfnisse als Kontinuität der eigenen Biographie, fehlt entlang dialogpädagogischer Prinzipien ein Gewahrsein für die einmaligen Biographien der TeilnehmerInnen:

a) Die eigene Biographie

Auch wenn die pädagogische Arbeit mit Kindern und Jugendliche hinsichtlich ihrer jeweiligen Biographien eine besondere didaktische Kompetenz erfordert, meine ich, hier eine Umsetzungsproblematik der GFK-Methode zu erkennen. Gewaltfreie Kommunikation versteht sich konzeptionell weniger als Verhaltensmethode, sondern vielmehr als „Haltung", sogar als „Lebensaufgabe" (vgl. Egloff & Fiedler 2008, 26 u. 40). Auch Kinder und Jugendliche stehen wie Erwachsene vor der Aufgabe, neue Erkenntnisse in ihrer jeweiligen Lebenswelt zu integrieren. Für eine nachhaltige Umsetzung wäre dies meines Erachtens sinnvoll zu berücksichtigen.

b) Einsamkeit

Sich einsam fühlen wird laut Gewaltfreier Kommunikation als ein Gefühl definiert, das auftaucht, wenn Bedürfnisse nicht erfüllt sind. Sicherlich ist diese Deutung auch wahr, ob sie immer stimmt, ist eine andere Frage. Diesbezüglich erkenne ich eine einseitige und unreflektierte Tendenz, ein wahres Bild des Menschen aus Sicht der Gewaltfreien Kommunikation zu besitzen. Hier wird einerseits eine scheinbar zeitlose Definition des Menschen gegeben und andererseits nicht erkannt, wie schwer es für uns Menschen in dieser digital überreizten Erlebnisgesellschaft ist, Ruhe zu finden und Alleinsein[*1] als Quelle der Erholung wiederzufinden. Dazu gehört zuweilen das unangenehme Gefühl von Einsamkeit, das nicht unbedingt auf ein unerfülltes Bedürfnis beruht, sondern schlicht zum Menschsein gehören kann[*2] (vgl. Muth 2009).

*1Kommentar von Projektleitung Susanne Kalkowski:

Hier scheint es mir wichtig, eine Unterscheidung zwischen „einsam" als Gefühl und „Alleinsein" als Zustand (bzw. „Strategie" im Sinne der GFK) zu treffen: „sich einsam fühlen" ist nach der GFK ein Gefühl, das sich einstellt, wenn Bedürfnisse nach Zugehörigkeit und Gemeinschaft nicht erfüllt sind, dies kann auch im Zusammensein mit Menschen der Fall sein. „Alleinsein" im Sinne von „für sich sein", ohne momentanen direkten Kontakt zu anderen Menschen zu haben, kann eine „Strategie" sein, Bedürfnisse zu erfüllen, wie z. B. die von dir erwähnte Ruhe und Erholung. Das Gefühl, das sich dann dabei einstellt, wäre dann nach der GFK nicht unbedingt „einsam". Es kann aber auch sein, dass das Alleinsein bestimmte Bedürfnisse erfüllt und andere gleichzeitig nicht. Im Kindergarten hatte ich schon den Eindruck, dass sich die Kinder dessen bewusst sind. Manche Kinder haben geäußert, dass sie lieber für sich sein wollen, wenn sie traurig sind, weil sie dann Ruhe brauchen. Wir haben auch eine Bedürfniskarte erstellt, mit einem Piktogramm für „für sich sein". Ich sehe aber, dass bei den Materialien für die älteren Kinder die Gefahr besteht, dass die Kinder das Gefühl mit der Strategie verwechseln.

*2Kommentar von Projektleitung Susanne Kalkowski:

Ich denke, hier besteht ein grundsätzlicher Unterschied in den Konzepten vom Menschsein innerhalb des dialogpädagogischen Ansatzes und der GFK. Nach der GFK haben *alle* Gefühle mit momentan erfüllten oder unerfüllten Bedürfnissen zu tun und sei es „nur" auf der neurophysiologischen Ebene, wenn in einer solchen Situation, wie du sie beschreibst, das vorher überreizte Nervensystem nach einem neuen Gleichgewicht sucht, weil es sich erst daran gewöhnen muss, weniger Reizen ausgesetzt zu sein, was sich auf psychischer Ebene wie Einsamkeit anfühlen kann. Nach der GFK gibt es Gefühle nicht abgekoppelt von Bedürfnissen. Wobei ich diese Annahme als „Arbeitshypothese" verstehe und nicht als „Wahrheit" (siehe die Fußnote 4 in meinem Text zu „Axiomen").

c) Freiheit

Zwang ist laut Dialogphilosophie kein Gegenteil von Freiheit, sondern Beziehung und die Freiheit ist ein Steg dorthin. Die GFK-Workshops finden außerschulisch statt. Die Teilnahme ist so gesehen freiwillig. Dem didaktischen Konzept nach können die Kinder und Jugendlichen zudem entscheiden, was sie mitmachen und was nicht. Für das pädagogische Dilemma, was damit erzeugt wird, scheint viel persönliches Engagement der PädagogInnen gefordert zu sein. Meines Erachtens wird aber zu wenig zwischen positivem Widerstand von Seiten der Teilnehmenden und Einsicht, dass das pädagogische Feld durch seine jeweiligen Programmgrenzen auch immer Unfreiheit produziert, unterschieden.

d) Existenzängste

Auch ängstliche Gefühle sind laut GFK als Zeichen unerfüllter Bedürfnisse zu sehen. Wiederum wird ein Dualismus zwischen erfüllten und unerfüllten Bedürfnissen konstruiert[*3], obwohl im Konzept selbst ein Entweder-oder-Denken bewusst und als „Wolfssprache" bewertet werden soll? Bei Kindern könnte damit der Eindruck entstehen, auch wenn die PädagogInnen es nicht wollen, Angst sei falsch und müsse aus der Welt geschafft werden. Hier scheint mir ein positiver Umgang mit Angst als wichtige Orientierung zu fehlen. Überdies gibt es keine vollständige Lösung unserer Existenzangst. Sie als Bestandteil von Konflikten zu sehen, wäre eine weitere Deutungshilfe.

[*3]Kommentar von Projektleitung Susanne Kalkowski:

Es geht dabei mehr darum, eine Sprachform zu finden, die es ermöglicht zu beschreiben, was angenehmen bzw. „schmerzlichen" Gefühlen zugrunde liegt. Es geht auch nicht um ein Entweder - Oder von erfüllten oder unerfüllten Bedürfnissen ... manchmal ist dieser Begriff „erfüllt" / „unerfüllt" auch etwas unscharf... es geht mehr darum zu beschreiben, was JETZT im Moment gerade lebendig ist ... grundsätzlich habe ich wie alle Menschen ein Bedürfnis nach Nahrung. Es kann aber sein, dass dieses Bedürfnis im Moment in mir nicht lebendig ist, weil ich vor 10 Minuten etwas gegessen habe ... oder dass mein Bedürfnis nach Gemeinschaft gerade „gestillt" ist, weil ich heute Nachmittag auf einer Familienfeier war ... genauso ist es mit dem Gefühl „ängstlich" ... wenn ich im Flugzeug sitze und mich „ängstlich" fühle, dann ist das nach der GFK ein Hinweis darauf, dass gerade meine Bedürfnisse nach Sicherheit und Schutz lebendig sind ... ich glaube, es ist ein Unterschied, ob man Angst in diesem Sinne als „Hinweis auf meine Bedürfnislage" oder als philosophische Kategorie menschlicher Existenz betrachtet; letzteres ist nicht der Fokus der GFK.

Ich habe nicht den Eindruck, dass die Kinder den Eindruck haben, dass Angst (wie alle anderen Gefühle, die darauf hinweisen, dass bestimmte Bedürfnisse gerade in uns nicht erfüllt sind - vielleicht sollte ich besser sagen „lebendig" oder „hungrig"?) so schnell wie möglich abgestellt werden muss, weil sie auf ein Bedürfnis, das gerade lebendig ist, hinweist. Hier unterscheiden sich Kinder und Jugendliche vermutlich von Erwachsenen. Entscheidender als eine kognitive Erklärung, wie Gefühle mit Bedürfnissen zusammenhängen, war nach meiner Einschätzung, wie wir mit den Äußerungen der Kinder von Gefühlen und Bedürfnissen umgegangen sind.

Der positive Umgang mit Angst ist, dass wir in den Gruppen einen Raum geschaffen haben, in denen die Kinder ihre Gefühle äußern konnten, egal ob die Bedürfnisse dahinter erfüllt oder nicht erfüllt sind, und dass es kein Tabu ist, in der Runde zu sagen, „ich fühl mich gerade ängstlich/traurig/wütend/etc." (oder welche Gefühle auch immer mit einem Tabu belegt sind). Wir konnten im Kindergarten beobachten, dass einige Jungen, die in den ersten Herzrunden immer wieder gesagt haben, dass sie sich wütend fühlen, es nach einiger Zeit auch gewagt haben, es auszudrücken, wenn sie traurig sind.

Was ich als Entwicklung gedeutet habe, denn ich glaube, dass diesen Jungen traurig sein weniger zugestanden wurde, als wütend sein.

Es ist in der GFK wichtig, uns selbst und anderen erst einmal diesen Raum zu lassen, um Gefühle (und die damit verbundenen Bedürfnisse) wahrzunehmen, ohne dass wir gleich versuchen, anderen die Angst (aber auch jedes andere Gefühl) möglichst schnell „wegzunehmen" - nicht nur in der Arbeit mit Kindern! - (und so schnell wie möglich die dahinter liegenden Bedürfnisse zu erfüllen, weil wir es selbst nicht ertragen, dass jemand anderes in unserer Gegenwart unglücklich ist).

Ich hatte den Eindruck, dass die Kinder, so lange in einer Gruppe diese Offenheit gegeben ist, sehr freimütig ihre Gefühle (egal ob freudig oder schmerzvoll) mitteilen und es als sehr wohltuend erleben, dass niemand sagt: „ach, jetzt sei doch nicht traurig" oder „du brauchst doch keine Angst zu haben ...".

Quintessenz

Betrachte ich die wesentlichen Ergebnisse der Interviewauswertungen erneut, möchte ich hier ausdrücklich feststellen, dass in den untersuchten GFK-Veranstaltungen die zwischenmenschlichen Beziehungen eine qualitative Verbesserung erfahren haben. Mit der Methode der Gewaltfreien Kommunikation nach Marshall Rosenberg wird ein konstruktiver Weg für den Umgang mit Konflikten aufgezeigt. Insofern bewirkt die Vermittlung eine Zuversicht in Hinblick auf das soziale Klima unter den beteiligten Menschen. Inwiefern eine nachhaltige Gewaltprävention gelingt, ist durch diese Untersuchung, wie auch in anderen empirischen Forschungsprojekten, nur schwer zu belegen. Dazu müsste eine weitere Studie erfolgen. Grundsätzlich scheint für eine wirksame Gewaltpräventionsmaßnahme die Bewusstseinserweiterung der TeilnehmerInnen notwendig zu sein. Diese ist wiederum auch davon abhängig, wie das didaktische Konzept lautet und die pädagogischen MultiplikatorInnen diesbezüglich geschult sind. Insgesamt scheint mir das aktuelle Konzept zu idealistisch ausgerichtet zu sein, was unter dem pädagogischen Personal einen zusätzlichen Stress erzeugen kann. So sollen laut didaktischer Konzeption die PädagogInnen nicht bewerten, sondern durch Haltung Wertschätzung ausdrücken[*4].

An dieser Stelle ist es mir wichtig, zwischen „Wertschätzung" (gegenüber dem Kind als Person) und „bewerten" des Verhaltens und der Lernschritte der Kinder zu unterscheiden! „Mit einer Haltung, die von Wertschätzung und Respekt geprägt ist..." ist im Konzept eine Haltung gemeint, die das Kind als Menschen in seiner Würde achtet und respektiert. (Nach meiner Einschätzung etwas, was gerade viele Kinder aus der Hauptschul-AG in ihrem Leben sehr selten erfahren) Das bedeutet nicht, dass ich ohne Einschränkung mit jedem Verhalten der Kinder einverstanden bin und ihnen vorgaukle, es sei alles gleichermaßen tolerierbar (und damit aber auch schon fast beliebig). Es war vielleicht im Konzept missverständlich formuliert. Worum es mir an der Stelle mit dem „Bewerten" ging, ist, dass ich, wenn ich einem Kind eine Rückmeldung über sein Verhalten oder das, was es gelernt hat, gebe, nicht die üblichen (manchmal wenig aussagekräftigen) Begriffe wie „gut" oder „schlecht" verwende, sondern im Sinne der GFK beschreibe, was das Kind getan hat (was ich sehe/höre) und auf welche Resonanz es trifft (welche Gefühle und Bedürfnisse bei mir/anderen lebendig werden), damit das Kind nachvollziehen kann, warum ich mit einem Verhalten einverstanden bin oder nicht. Dann hat das Kind die Möglichkeit, auch seine Sichtweise einzubringen. Wenn ich pauschal ein Verhalten (z. B. Kippeln auf dem Stuhl, wie dem Beispiel in meinem Text) als „schlecht/nervig/ungezogen/störend" be-/verurteile, dann ist die Gefahr groß, dass das Kind sein Verhalten auf die gleiche Weise beurteilt und die Bedürfnisse, die dahinter sind, gleich mit. Wenn das Kind aber herausfindet, welche Bedürfnisse es zu erfüllen versucht, wenn es mit dem Stuhl kippelt, dann ist es leichter, ggf. eine Verhaltensalternative zu finden, die die Bedürfnisse der anderen ebenfalls berücksichtigt.
In der Hauptschul-AG haben die Kinder in einem weiteren Termin festgestellt, dass sie sich besser konzentrieren können, wenn sie sitzend in Bewegung sind! Von da aus war der Schritt nicht mehr schwer zu überlegen, ob es eine Möglichkeit gibt, dafür zu sorgen, dass die Kinder sich besser konzentrieren können, ohne dass andere im Raum abgelenkt sind, wenn sie Bewegungen auf dem Stuhl sehen.

Zudem soll in Zweifelsfällen die Klärung eines Gruppenprozesses Vorrang vor der Vermittlung von Inhalten haben. Letztere kann in meinen Augen nur wirklich gelingen, wenn eine gruppendynamische Kompetenz vorliegt. Die Methode der Gewaltfreien Kommunikation legt hierfür keine diagnostische Erklärung vor. Zudem wird den allzu menschlichen Projektionen wie Übertragung und Gegenübertragung in Hinblick auf Leitungsfiguren keine Aufmerksamkeit geschenkt. All dies unterstreicht, was Lehmenkühler-Leuschner (1986) für interkulturelle PädagogInnen in ihrer Supervision herausgefunden hat: Fehlverhalten wird tabuisiert, und es kann kein realistisches Gewahrsein für Erfolg und Misserfolg entwickelt werden[*5].

[*5]Kommentar von Projektleitung Susanne Kalkowski:

Es geht in der GFK auf keinen Fall darum, „Fehlverhalten" zu tabuisieren, sondern auf eine Art und Weise zu benennen, die den anderen als Person nicht entwertet und (im Idealfall) ermöglicht, etwas von den Bedürfnissen des jeweils anderen zu verstehen. GFK besteht nicht nur aus Empathie, sondern gleichermaßen auch aus Ehrlichkeit bzw. Aufrichtigkeit. Vielleicht war das im Konzept nicht deutlich genug formuliert. (Meine schwedische Supervisorin Liv Larsson hat dazu ein Bild verwendet: Empathie und Ehrlichkeit sind die beiden Beine, auf denen wir mit der GFK laufen ... es kann ziemlich anstrengend und uneffektiv sein, immer nur auf einem Bein zu hüpfen ... - es gibt natürlich auch Situationen, in denen ich in meine alten, gelernten eigenen Denk- und Sprachmuster von Wolfssprache zurückfalle, aber das ist nicht mit „Ehrlichkeit" im Sinne von GFK gemeint). Es kann allerdings auch sein, dass ich Grenzen setze und Verhalten sanktioniere, ohne Kooperation und Einverständnis des Kindes, etwa dann, wenn ich mich selbst, das Kind oder andere schützen will und mir im Moment keine anderen Mittel zur Verfügung stehen. (Etwa wenn ein Kind im Begriff ist, einen Bauklotz auf ein anderes Kind zu werfen) Marshall Rosenberg nennt das „beschützenden Einsatz" von Macht. Dieser ist immer noch geprägt von einer grundsätzlichen Achtung und Wertschätzung des Kindes als Person. Das ist zu unterscheiden von „strafendem Einsatz von Macht", dem eine andere Haltung zu Grunde liegt, nämlich dass ein Mensch, der sich „schlecht benimmt" eine Strafe verdient (und was „schlechtes Benehmen" ist, entscheidet natürlich alleine die Person, die die Macht ausübt), abgesehen davon, dass diese Haltung den anderen entwertet, wirkt dies meistens auch nicht sehr nachhaltig, weil Kinder dann lediglich lernen, bestimmte Dinge nur so lange nicht zu tun, wie die Person, die straft, in der Nähe ist (was wir in der AG in der Hauptschule zu Anfang ziemlich schmerzlich erfahren haben. Am Anfang schienen einige Kinder keinerlei eigene Impulskontrolle zu haben, so lange niemand da war, der ihnen Strafen androhte.) Insofern unterscheidet sich die GFK von Ansätzen, in denen „alles akzeptiert", aus einer vermeintlichen „Toleranz" gegenüber der „anderen Kultur/Religion" quasi „entschuldigt" wird.

Das Scheitern an den hohen Idealen kann außerdem zu Schuldgefühlen bei den MultiplikatorInnen führen. Sie werden, laut Lehmenkühler-Leuschner, durch die Zunahme einer Fürsorgehaltung ausgeglichen, was langfristig die grundsätzliche Unsicherheit, die es beim pädagogischen Handeln gibt, da die Andersheit des Anderen nicht verfügbar ist und wir gleichzeitig von unserer Klientel abhängig sind, nicht ausgleichen kann. So folgt eine pausenlose Belastung bis zum bekannten Burnout in sozialen Berufen. Um die idealisierte Moral, von der auch die Methode der Gewaltfreien Kommunikation nicht frei ist, aufzugeben, sind einerseits die Auseinandersetzung mit Trauer- und Versagensgefühlen notwendig, sowie das Finden der tatsächlichen Grenzen der eigenen pädagogischen Haltung. Helfende und gönnerhafte Positionen und falsche Rücksichtnahme als Ausdruck einer Scheinharmonie sind dabei aufzugeben, wenn die persönlichen Sehnsüchte nach Gewaltfreier Kommunikation realistisch eingeschätzt werden. Diesbezüglich, stellt Butler fest, brauchen wir intersubjektive Begegnungen, die Gnade und Vergeben erfahrbar machen. Ein solches Vergeben ist ihrer Meinung jedoch nur möglich, wenn „… wir uns gerade in den Momenten unseres Unwissens aufs Spiel setzen, wenn das, was uns prägt, von dem abweicht, was vor uns liegt, wenn in unserer Bereitschaft, uns im Verhältnis zu anderen aufzulösen und anders zu werden, unsere Chance liegt, menschlich zu werden" (ebd., 180). Hierfür brauchen wir jedoch ein realistisches Bild von uns selbst. Dazu gehört auch die Anerkennung, dass wir zuweilen gewaltvoll kommunizieren, und auch das, obwohl wir es nicht wollen und sogar in der Gewaltfreien Kommunikation ausgebildet sind. Diese Ambivalenz bewusst zu akzeptieren und zu vermitteln, scheint mir ein wichtiger, wenn auch schwieriger Weg von pädagogischer Bewusstseinsarbeit zu sein. Die damit verbundenen Gefühle wie Scham und Minderwertigkeit brauchen einen Ort zur Betrachtung, wie es in der Supervision vorgesehen ist. Dafür ist jedoch die Auseinandersetzung mit der eigenen Biographie unüberwindbar. Ansonsten setzt sich das fort, was sich in den Interviews zeigt, die Methode der Gewaltfreien Kommunikation wird als Verhaltenstechnik verstanden und so benutzt.

Dennoch sehe ich das Ahimsa-Projekt als einen wertvollen Ort, differenzierte Wahrnehmungsformen zu lernen. Wichtige Grundsteine für Entwicklungswege von Empathiefähigkeit sich selbst und anderen gegenüber werden gelegt. Die meisten der Interviewten wissen nun um Alternativen, wenn es zu Konflikten kommt, und erweitern damit auch ihre Frustrationstoleranz, wenn es um ihre Bedürfnisse geht. Fehlbarkeit und Irrtum gehören zum Menschsein und leider auch die Gewalt. Sich mit dem Unmenschlichen auseinanderzusetzen, bedeutet nicht, es grundsätzlich hinzunehmen. Jedoch scheinen mir die Bezeichnungen gewaltvoll und gewaltfrei eine Doppelmoral zu erzeugen, die wiederum eine unmenschliche Wirkung haben kann. Die Auseinandersetzung mit dieser Diskrepanz zwischen Theorie und Praxis könnten nach Butler und Adorno das eigentlich Menschliche hervorbringen: „Adorno zeigt, dass das Unmenschliche bei Kafka die einzige Möglichkeit ist, die heutige Organisation der menschlichen Gesellschaft zu überleben; als animiertes Weiterleben von etwas weitgehend Vernichtetem ermöglicht das Inhumane eine immanente Kritik des Menschlichen selbst und wird zur Spur oder zur Ruine, in der das Menschliche fortlebt" (Butler 2007, 141). Und hier Adorno im Original: „Wir mögen nicht wissen, was das absolut Gute, was die absolute Norm, ja auch nur, was der Mensch oder das Menschliche und die Humanität sei, aber was das Unmenschliche ist, das wissen wir sehr genau. Und ich würde sagen, daß der Ort der Moralphilosophie heute mehr in der konkreten Denunziation des Unmenschlichen als in der unverbindlichen und abstrakten Situierung etwa des Seins des Menschen zu suchen ist" (nach Butler ebd., 142). Mit anderen Worten: Die von Marshall Rosenberg konzipierte Wolfssprache ist ein Schritt, das Unmenschliche, was sich in uns Menschen nach Butler eingenistet hat und das wir selbst mit echten Willen überwinden wollen, über das wir jedoch aufgrund unseres Menschsein nicht absolut verfügen können, bewusst wahrzunehmen. Mit diesem Schritt werden wir nicht zu besseren Menschen schlechthin, sondern Öffnen uns der Haltung einer „negativen Dialektik". D. h.: „…, dass gesellschaftliche Beziehungen durch Widersprüche strukturiert sind und dass das Auseinanderklaffen von abstraktem Prinzip und praktischer Handlung für die historische Zeit grundlegend ist" (Butler ebd., 141). Diesbezüglich sind auch die Aussagen der Kinder und Jugendlichen zu verstehen, sowie die Deutungen der forschenden Studierenden. Deren qualitative Studien können nur begrenzt ermitteln, was die Interviewten wirklich gelernt haben (vgl. Fichtner 2006; Fuhs 2000). Minimalistisch zusammengefasst: GFK wirkt und ist nicht frei von Fehlern, wie die Ergebnisse unserer Forschung: wir dürfen uns irren.

Literatur:

Buber, M. (1962): Bildung und Weltanschauung, in: Ders.: Werke. Erster Band: Schriften zur Philosophie, München/Heidelberg, 809ff.

Butler, J. (2007): Kritik der ethischen Gewalt, Frankfurt/M.

Eglof, K. & Fiedler, D. (2008): Gewaltfreie Kommunikation (GFK): Schwierige Gespräche erfolgreicher führen, Zürich.

Fichtner, B. (2006): Kinder als „unsichere Signifikanten" – ein Dialog mit Georgio Agamben, in: http: //www2.uni-siegen.de/~fb02/people/fichtn er/docs/de/Kinder_als_unsichere_Signifikanten_-_ein_Dialog_mit_Giorgio_A gamben.pdf, 12 Seiten. Aufgerufen am 26.01.2010.

Fuhs, B. (2000): Qualitative Interviews mit Kindern. Überlegungen zu einer schwierigen Methode, in: Heinzel, F. (Hrsg.): Methoden der Kindheitsforschung: Ein Überblick über Forschungszugänge zur kindlichen Perspektive, Weinheim/München, 87ff.

Lehmenkühler-Leuschner, A. (1986): Supervision für Erzieherinnen in Tageseinrichtungen für Kinder, in: Deutscher Verein für öffentliche und private Fürsorge (Hrsg.): Die Fremden unter den Eingeborenen, Frankfurt/M., S. 103ff.

Moldaschl, M. & Schwarz, Ch. (2005): Die Farben der Evaluierung – Eine Verteidigung der Evaluierung gegen ihre Befürworter, in: Welte, H. et al. (Hrsg.): Management von Universitäten. Zwischen Tradition und (Post-)Moderne, München, 407ff.

Muth, C. (1998): Erwachsenenbildung als transkulturelle Dialogik, Schwalbach/Ts.

Muth, C. (2008): Dialogpädagogische Reflexion über transkulturelle Erwachsenenbildung in Aktion, in: Gruppendynamik und Organisationsberatung, 4, 443ff.

Muth, C. (2009): Dialogische Pädagogik: Identitätsbildung durch die Andersheit, in: Walkenhorst, U. et al. (Hrsg.): Kompetenzentwicklung im Gesundheits- und Sozialbereich, Bielefeld, 35ff.

Muth, C. & Nauerth, A. (2010) (Hrsg.): Vertrauen wider Aggression und Gewalt – dialog-phänomenologische Praxisentwicklungsforschung als Gewaltprävention, Schwalbach/Ts. (im Erscheinen).

Witzel, A.: Das problemzentrierte Interview, in: http: //www.qualitative-research.net/index.php/fqs/article/view Article. Aufgerufen am 23.06.2009.

DIALOGISCHES LERNEN

Herausgegeben von Dr. Cornelia Muth

ISSN 1614-4643

Abonnement

Hiermit abonniere ich die Reihe **Dialogisches Lernen (ISSN 1614-4643)**, herausgegeben von Dr. Cornelia Muth,

❏ ab Band # 1

❏ ab Band # ___

    ❏ Außerdem bestelle ich folgende der bereits erschienenen Bände:

    #___, ___, ___, ___, ___, ___, ___, ___, ___, ___, ___, ___

❏ ab der nächsten Neuerscheinung

    ❏ Außerdem bestelle ich folgende der bereits erschienenen Bände:

    #___, ___, ___, ___, ___, ___, ___, ___, ___, ___, ___, ___

❏ 1 Ausgabe pro Band   ODER   ❏ ___ Ausgaben pro Band

Bitte senden Sie meine Bücher zur versandkostenfreien Lieferung innerhalb Deutschlands an folgende Anschrift:

Vorname, Name: _____

Straße, Hausnr.: _____

PLZ, Ort: _____

Tel. (für Rückfragen): _____ *Datum, Unterschrift:* _____

Zahlungsart

❏ *ich möchte per Rechnung zahlen*

❏ *ich möchte per Lastschrift zahlen*

bei Zahlung per Lastschrift bitte ausfüllen:

Kontoinhaber: _____

Kreditinstitut: _____

Kontonummer: _____ Bankleitzahl: _____

Hiermit ermächtige ich jederzeit widerruflich den *ibidem*-Verlag, die fälligen Zahlungen für mein Abonnement der Reihe **DIALOGISCHES LERNEN** von meinem oben genannten Konto per Lastschrift abzubuchen.

Datum, Unterschrift: _____

Abonnementformular entweder **per Fax** senden an: **0511 / 262 2201** oder 0711 / 800 1889 oder als **Brief** an: *ibidem*-Verlag, Julius-Leber Weg 11, 30457 Hannover oder als **e-mail an: ibidem@ibidem-verlag.de**

ibidem-Verlag

Melchiorstr. 15

D-70439 Stuttgart

info@ibidem-verlag.de

www.ibidem-verlag.de
www.ibidem.eu
www.edition-noema.de
www.autorenbetreuung.de